千奇百怪的
然與玄奇世界

試圖解釋一些神奇的現象，但總有一些謎團難以破解！

THE CRAZY
IZARRE WORLD

神祕事件，總是為人們帶來了太多的猜想，！
告了種種的「謎團」，等待人們去一一揭開它的面紗。

i-smart

智學堂
智慧是學習的殿堂

國家圖書館出版品預行編目資料

千奇百怪的自然與玄奇世界 / 張鈺閔編著.
-- 初版.-- 新北市：智學堂文化，民103.02
面 ； 公分. -- (神祕檔案 ；9)
ISBN 978-986-5819-23-1(平裝)

1.奇聞異象

297　　　　　　102026127

神祕檔案：09

千奇百怪的自然與玄奇世界

編　　著 — 張鈺閔
出 版 者 — 智學堂文化事業有限公司
執行編輯 — 林美玲
美術編輯 — 蕭佩玲
地　　址 — 22103　新北市汐止區大同路三段一百九十四號九樓之一
　　　　　　TEL　（02）8647-3663
　　　　　　FAX　（02）8647-3660

總 經 銷 — 永續圖書有限公司
劃撥帳號 — 18669219
出 版 日 — 2014年02月

法律顧問 — 方圓法律事務所　涂成樞律師
cvs 代理 — 美璟文化有限公司
　　　　　　TEL　（02）27239968
　　　　　　FAX　（02）27239668

PART 1

探索浩瀚宇宙的*神奇現象*

PART 2
自然界留下的**玄奇幻象**

PART 3
世界各處的**地域奇景**

PART 1

探索浩瀚宇宙的
神奇現象

THE CRAZY
BIZARRE WORLD

天象奇觀：金鈎掛日

日食發生在上午7點多，「天狗」開始一點點地咬食太陽。太陽逐漸「瘦削」，到了上午9點多，它已經被天狗吃去一大半，此時的太陽就變像一個彎彎的「金鈎」。在美麗的雲彩的映襯下，便形成了「金鈎掛日」的天象奇觀。這500年難遇一次的天象奇觀就出現在2009年7月22日，中國的長江流域是最佳的觀賞地點。一個多小時之後，太陽又慢慢地恢復了正常。

「金鈎掛日」屬於「日食」的一種。日食又作「日蝕」，是一種天文現象，只在月球運行至太陽與地球之間時發生。

日食發生時，月球正好在太陽與地球的中間，三個天體正好處在一條直線，太陽射向地球的光被月球擋住了，月球的投影落在地球上，在地球上的人看來，就好像有一隻動物在一點一點地啃噬太陽。

太陽表面出現缺痕一般都是從太陽圓面的西側邊緣開始的，這是因為月亮總是自西向東繞地球運轉，當月面的東邊緣與日面的西邊緣相外切的時候，日食也就開始了，這種現象被稱為「初虧」；經過「初虧」之

10

後，太陽就成為彎彎的「金鉤」，形成了「金鉤掛日」的奇觀，即「食甚」；隨後，月面繼續移離日面，太陽被遮蔽的部分就會逐漸減少，當月面的西邊緣與日面的東邊緣相切的剎那，就出現了月面與日面的第二次相切，這種位置關係被稱為「復圓」。

太陽又會呈現出圓盤形狀，整個日全食宣告結束。

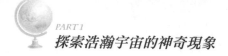
孕育之中的新太陽系

在距離地球約5500光年的地方，有個稠密的宇宙雲，它的內部擠滿了萌芽狀態的恆星和行星系統。科學家們預言，這個位於船帆座（VELA）星座方向的星雲，它的核心將有可能成為蘊育新太陽系的「子宮」。

歐洲南方天文臺的科學家將這個神祕的宇宙空間稱為RCW38宇宙雲。

在這裡，年輕的恆星與幼年的太陽以及行星相互衝擊，形成強大的風力。在炫目光線的輝映下，壽命不長的大品質恆星不斷發生爆炸，並變成超新星。這種狀態若持續下去，宇宙中很可能將會出現一個新的太陽系，因為這種環境與我們的太陽系誕生之前的情況是那麼得相似！

這個稠密的RCW38星雲跟獵戶座Cluster星雲一樣，也屬於「內埋星團」，新生的塵埃和氣體籠罩著其中的星體。大多數星體誕生於這種物質結構豐富的星團中，包括低品質的在宇宙中呈現紅色的那部分星體也是如此。在RCW38星雲的核心處，有一顆散發著灼熱白藍色光的巨大星體，被稱為IRS2。它在此處許多的恆星中，

具有最熱的表面溫度。事實上，這顆特殊的星體其實是由兩顆恆星組成，它們之間的距離是地球與太陽距離的500倍左右。

在IRS2強大的紫外線輻射下，幾十顆「候選星體」努力維持著自己的生命，但是，它們之中的一些很可能因IRS2強勁的輻射能量而被驅散，再也沒有機會形成原恆星或者原行星盤。而那些僥倖存留下來的，則有可能發展成為原行星盤，再經過幾百萬年，這些原行星盤就會漸漸發展成如同太陽系中的行星、衛星和彗星一樣的星球。到那時，一個新的太陽系很可能也會隨之出現。

當然，這些可能出現和不可能出現的現象肉眼是看不到的，只有借助歐洲南方天文臺的超大望遠鏡的特殊適應性光學儀器才能看到。

變色又變形的太陽

　　一般來說，人們看到的太陽總是圓的，但天空中也曾出現過方形的太陽。1933年9月13日日落時，在美國西海岸，一位叫查貝爾的學者拍下了方形太陽的照片。照片上的太陽有稜有角，而且沒有被雲彩遮住。那麼，為什麼太陽會變成方形的呢？

　　原來，這和變幻莫測的大氣有關。在地球的南北兩極，上層空氣溫度比較高，靠近地面和海面的空氣層溫度則相對較低，這樣就使得下層空氣密集，上層空氣稀薄。日落時，光線穿過密度不同的兩個空氣層，就會發生折射——光線會彎向地面一側，而不再是走直線。這樣一來，太陽上部和下部的光線被折射得幾乎成了平行於地平線的直線，這種光線反映到了人的眼睛裡，就會形成太陽被壓扁的視覺效果，也就出現了奇妙的「方太陽」。太陽不僅會變形，還會變色，比如有人曾經見過綠色的太陽。

　　人們平時看到的太陽光是白光，實際上它是由紅、橙、黃、綠、藍、靛、紫七種單色光組成的。和太陽變形的原因一樣，當太陽光穿過密度不均勻的大氣層

時，七種顏色的光都會發生一定角度的偏折，偏轉角度的大小與光的顏色（波長）密切相關。這種「色散現象」會使白光重新被分解成七種單色光。

在這七種單色光中，紫光的波長最短，色散時角度最大；紅光的波長最長，色散時角度最小，其他的單色光依照順序排列其中。

日落時，首先沒入地下的是紅光，其次是橙光、黃光，這時地平線上還留著綠光、藍光、靛光和紫光。由於後三種光波長太短，穿過厚厚的大氣時，會被大氣中的塵埃微粒散射開，所以人的肉眼幾乎覺察不到，能夠到達人眼的就只剩下綠光，於是，人們眼中就出現了綠色的太陽。當然，所謂「綠色的太陽」不是指整個太陽都是綠色的，而是太陽的邊緣呈現綠色，但在觀看者眼中，絕對是綠色的太陽！

這種自然造物創造的神奇景象並不是任何時候都能看到的，因為形成綠色太陽奇觀的條件之一是要讓紅光、橙光、黃光偏轉到地平線之下，所以這種現象只能在太陽剛露出地平線或快落入地平線時才能見到。

月球未解之謎

人類的祖先都曾因月亮而著迷，並在曆法或文字問世之前用月亮的陰晴圓缺來計時。

現代科學研究顯示，月球是一個極端乾燥的荒涼世界，上面佈滿了大大小小的坑穴（環形山），長年累月處於一片死寂之中，月面晝夜溫差極大，有日照的地方可達127℃，但夜晚卻可能降至—183℃。月球的真實狀況與古人一直視其為黑夜裡光明使者的想像有著天壤之別。

2007年10月，美國航空航天局的前雇員理查‧霍格蘭出版了一本書——《黑暗任務——揭祕美國航空航天局》。他在這本書中道出了許多驚天祕密，其中包括在美國太空人到達月球之前，已經有智慧生物到達過月球，甚至還留下了玻璃穹頂、塔狀建築等證據。霍格蘭的說法到底是為了新書的炒作，還是確有其事，至今仍是一個無法破解的謎。除此之外，還有許多與月球有關的祕密，等待著人類的最終破解。

一、神祕建築之謎

1969年7月至1972年12月，在美國執行「阿波

羅」登月計畫的過程中，太空人拍下了一些月球表面環形山的照片。照片顯示，這些環形山上有明顯人工改造的痕跡。例如，在戈克萊紐斯環形山的內部，有一個直角，每個邊長為25公里；山的外側有一個傾科的正方形坡面，坡面上一個十字把正方形等分成了對稱的各部分。

二、空心球似的撞擊聲音之謎

同樣是在「阿波羅」的探險過程中，廢棄火箭的第三節推進器會撞擊月球表面。「每一次這樣的響聲，聽起來彷彿是一個大鈴鐺的聲音。」這是美國航空航天局文中的記錄，至今也沒人能夠解釋當月球受到外力撞擊時，為何會發出這樣的聲音。

三、不明光點之謎

1821年底，英國天文學家約翰・赫謝爾爵士發現月球上出現了來歷不明的光點，這個光點隨著月球一起運動，所以絕不可能是星星之類的存在體，至於究竟是什麼，約翰・赫謝爾爵士只能解釋說：「有可能是一些人類尚未發現的物體」。

四、水氣之謎

月球比「戈壁大沙漠乾燥100萬倍」，這是一位科學家之前所作出的判斷，因為最初幾次月球探險都顯示月球是個乾燥的天體，沒有人在月球表面發現過水的痕

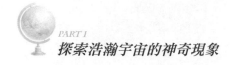
跡。但是，之後的一次月球探測中，科學家在月球表面發現了一處面積達一百平方英里的水氣團。有人認為這是由於美國太空人廢棄在月亮上的兩個小水箱漏水造成的，但是那麼小的水箱怎麼會產生這樣一大片水氣呢？

五、月球年齡之謎

作為地球的衛星，月球的年齡到底有多大呢？

美國太空人——阿姆斯壯是第一個登上月球的地球人，他在「寂靜海」降落之後撿起第一塊岩石的年齡是36億歲，其他一些岩石的年齡分別是43億歲、46億歲和45億歲。這些從月球上帶回來的岩石標本的年齡要比地球上年齡最大的岩石更加年長。迄今為止，地球上最古老的岩石是37億歲。而世界月球研討會曾在1973年測定了一塊年齡為53億歲的月球岩石。更令人驚訝的是，這些古老的岩石都採自科學家認為是月球上最年輕的區域。

圍繞著地球衛星——月球而出現的這一系列無法解釋的現象，使科學家們警覺到：在地球之外，或許有人們所不能想像到的某種智慧力量正在「使用」人類所認知的月球。

月球上的人形雕像

　　戴著頭盔，有一雙深邃而呈橄欖形的眼睛，高且直的鼻子：人類完成這樣一件精緻而複雜的雕像是需要精密機械說明的，所以，當前蘇聯科學家在月球上發現了這個有著人形頭部的雕像時，不由得開始懷疑：或許是某些具有極高文明的外星人創造了它。如果這個設想成立，那麼從雕像的精細程度可以聯想到這些外星人的智慧或許要遠遠高出於地球人，科學技術水準也要比地球人高出很多。

　　繼前蘇聯和美國太空探測船於1975、1976年先後在金星及火星上發現兩個人面形的雕像之後，前蘇聯科學家又宣佈，在月球上發現了第三個同樣的人形雕像，這個雕像的面積比前兩者小，但構圖卻和前兩個一模一樣。「外星人是這些雕像的製造者」的觀點仍只是假設，科學家們一直在研究，為什麼會有這些雕像？這些雕像中是否有什麼暗示意義？這個難解的題目使玄妙的太空又多了幾分神祕的色彩。

金星表面浮現神祕斑點

「在紫外線波長範圍內，金星上的斑點比周圍區域更加明亮。」2009年7月，美國紐約市業餘天文學愛好者弗蘭克‧梅利羅觀測到了浮現在金星表面的明亮斑點。同一天，一位澳洲天文學愛好者也發現木星表面存在一個暗斑，他推測那個暗斑很可能是由於隕石碰撞造成的。

金星等一些星球表面存在或明或暗斑點的說法，早已引起了天文學家的注意。唯一環繞金星運行的航天器──歐洲太空局「金星快車號」探測器拍攝到了一個明亮的斑點，這一事實，更證實了天文愛好者們的觀測結果。其實，該探測器在梅利羅之前四天就已經觀測到了這個明亮斑點，但是天文學家卻希望能夠透過「金星快車號」獲得更多的觀測資料。

這並不是天文學家第一次觀測到金星大氣層中具有明亮區域，早在幾十年前，天文學家就已經發現了這一現象，但當時他們並不能做出清楚的解釋。其實直到今天，也沒有人能夠準確地推斷金星光斑形成的原因。天文學家們猜測這一現象可能是由火山活動、金星大氣

層渦流或者太陽的帶電粒子導致的，但無論是想要肯定
或者推翻這些觀點，都需要進一步的觀測。

　　金星上一次出現明亮區域發生於2007年1月。當時
金星南半球和北半球都處於發亮狀態，是一種局部化發
亮現象。時隔2年，天文學家再次觀測到了金星光斑。
有人提出這些光斑可能是由於隕石碰撞造成的。但是一
名「金星快車號」的研究成員、威斯康辛州大學麥迪森
分校的桑賈伊‧利馬耶卻表示他並不完全認可這個觀
點。他認為，當隕石殘骸吸收光線，除了富含冰水的岩
石隕石之外，都可能導致碰撞地點在紫外線波長下變
暗。

　　同時，從太陽釋放的帶電粒子透過對大氣層頂端
通電形成發亮區域，也許大氣層的氣流波可引發渦流，
攜帶物質上下波動，使濃縮明亮物質形成一個明亮區
域，這是利馬耶提出的關於金星光斑形成的另一種可能
性。

　　還有人認為，金星上的火山噴發也可能導致光斑
的出現。眾所皆知，金星曾被天文學家稱為太陽系內地
表火山最多的行星。在金星表面，覆蓋的玄武岩火山熔
岩流達到了90％以上，雖然當前活躍的火山中沒有釋
放火山灰塵的「煙槍」，但是這種火山一旦噴發，其強
大的力量足以穿過金星大氣層中的密集層，並且在金星

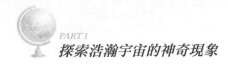

表面64～70公里的高空處形成一個明亮的斑點。

　　如果火山是形成金星明亮區域的主要成因，對其進行證實將是非常困難的。雖然「金星快車號」探測器上的兩個分光儀能夠揭示大氣層中分佈微粒的大小變化，以及大氣層中分子的濃度變化，比如可以暗示火山噴發活躍性的二氧化硫的濃度，但是這些二氧化硫很可能是由於陽光分解金星雲層中的硫酸所致。

　　這樣就意味著，即使「金星快車號」在大氣層中發現了高於平均指數的二氧化硫，這項觀測也可以透過非火山活躍性進行解釋，並不一定和金星光斑有關。

神奇的「火星臉」

1938年10月30日，由於火星人「入侵」，美國新澤西州發生了一場騷動。

當天晚上八點到九點，美國哥倫比亞廣播公司播放了廣播劇《大戰火星人》，劇中故事的時間即是當時，火星人入侵的著陸地點設定在了新澤西州。

一些人在轉換廣播頻道時，突然聽到了這段廣播。逼真的廣播劇使他們把故事當成了即時新聞，於是新澤西州大街上有數百人鑽進汽車掉頭而逃，一些人潮水般地從四面八方湧來，想親眼看看火星人的模樣，還有一些膽小的人出於恐懼竟然自殺了！一時間，新澤西州陷入了混亂，政府只好出動了軍隊來安撫市民，直到第二天中午，事件才得到平息。

在太陽系的所有的行星中，最引人注目的要屬火星了。關於火星人的猜測由來已久，早在1903年，美國天文學家洛威爾就聲稱，他用望遠鏡發現了火星上的運河。既然有運河，那麼必然就存在開鑿運河的「火星人」，從那之後，火星人的說法就越傳越廣了。

實際上，在20世紀的60年代，人們就已經發現那

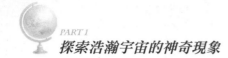
些被稱為「火星運河」的深色直線，只是火星上一些偶然排列的環形山和隕石坑。迄今為止，人們也沒有確鑿的證據可以證明火星上存在智慧生物，但1976年7月，美國的火星探測器「海盜一號」卻傳回了一張神奇的火星照片：這張照片上竟然有一座巨大的建築，形狀與人臉極為相似。美國太空總署研究小組使用最新的技術手段對照片進行分析之後，認定這座人臉形建築修築在一個巨大的長方形台基上，以鼻子為中心，有左右對稱的眼睛和略為張開的嘴巴。

有人懷疑這是由於光線投影關係造成的假相，但是根據「海盜一號」從不同角度拍下的多幅照片判斷，這種可能性比較小。「火星臉」的發現令舉世譁然。

如果這座建築確實存在，那麼，到底是誰修建了它呢？顯然，這不是依靠低等的微型生物能夠完成的，而必須是一種與人類智商接近甚至高於人類的智慧生物。難道真得存在「火星人」嗎？

於是，一些科學家進行了假設，他們認為在距今幾億年前，火星上可能存在豐富的水源，氣候也很濕潤，與現在地球環境比較接近，從現在可以發現的一些遺跡可以推斷當時火星上有許多河流，空氣成份也與地球相似。所以，當時的火星上很可能存在與地球人相似的生物，這些建築是他們建造的。甚至有人認為，人臉

形建築眼睛下方具有眼淚狀的痕跡，也就是火星人滅亡前向宇宙生物界發出的警告。

如果火星人真的存在過，現在他們又到哪去了呢？這是持「火星人說」的人難以回答的問題。於是另一些持反對態度的人認為，這建築與火星人無關，而是由具有高度外星系智慧的其他生物所建。火星不過是這些外星系智慧生物建立在太陽系的一個基地而已。

當然，還是有人堅持認為這座「火星臉」建築，不過是一些山丘投影造成的偶然巧合而已。謎底究竟是什麼，只能等待人類對火星進行了更深入的研究之後才有可能揭曉了。

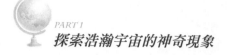
火星上的閃電

　　當地球上出現塵暴和風暴時，就有可能形成閃電。那麼，火星上如果發生塵暴，是否也會有閃電形成呢？美國科學家們證實，這個答案是肯定的。

　　2006年6月8日，美國科學家找到火星塵暴中能夠形成閃電的相關證據。當天火星上發生了一次塵暴，科學家們利用一架射電望遠鏡上的新型探測器，捕捉到了閃電發出的輻射信號，首次探測到了火星閃電。

　　這種新型探測器由密西根州大學安娜堡分校的克里斯多夫・拉夫率先研製出來，是用於地球軌道氣象衛星研究的。雖然科學家們一直都相信火星上也會有閃電，但是探測器所捕捉到的閃電信號之強烈，還是令他們感到吃驚。

　　當時望遠鏡探測到的塵暴規模巨大，波及範圍達到22英里（約35公里），這場閃電相應地也持續了幾個小時之久。但是，拉夫發現火星上的閃電與地球上發生雷暴時出現的閃電並不完全相同，火星上的閃電更接近於地球上的無雷聲閃電，像一道劃破了雲層的閃光。

　　拉夫認為，雖然6月八日的閃電源於一場巨大的火

星風暴，但是「一些較小的塵暴也會發生」，由此，他得出了「火星上經常出閃電」的結論。由於電流能夠孕育更為複雜的分子，所以，拉夫覺得閃電能夠影響火星過去或現在可能存在的生命，生命甚至有可能因閃電的發生而出現。

火星閃電的發現，使人們開始擔心那些跋涉在火星表面的探測器，以及未來的機器人或者人類探險家的安全。但事實上這些閃電並不會形成多大的威脅，就像地球上的閃電不會對地球人的安全造成巨大影響一樣，只有在火星探測器所在地區雲層內發生放電現象，才可能導致安全威脅。

不過，閃電引發的某些化學反應卻是應該注意的，因為它們可能會影響火星大氣層及表面的化學性質，產生一系列腐蝕性化合物，這些物質將會影響探測設備和儀器的正常使用。所以，科學家們在今後的探測儀器設計中應該綜合考慮此類因素，進一步改進技術方法。

火星上的巨型「紀念碑」

　　「當人們發現它時，他們會說，『是誰將它放在那裡的？到底是誰？』是宇宙放在那裡的，如果你願意相信，可能是上帝。」談起曾在火星的衛星火衛一上發現過的一塊石碑狀巨石時，被稱為「登月第二人」的美國太空人巴茲・奧爾德林不由得發出了這樣的感慨。

　　在外形酷似馬鈴薯的火衛一上，有一整塊結構非同尋常的巨石，這種神奇的現象使奧爾德林堅定地認為人們應該造訪火星的衛星，去研究這塊如建築物般大小的巨石到底是從哪裡來的，或者到底是誰建造出來的。

　　鑒於此，加拿大航天局曾經資助了一項火衛一無人探測任務的研究，該研究名為「火衛一勘測與國際火星探索」，簡稱PRIME。他們將那塊神祕巨石作為主要的著陸點。

　　參與這項研究任務的科學家艾倫・希爾德布蘭德博士認為，如果人們可以降落在那個物體上面，可能就不必去其他地方了。

　　這塊看上去像是矩形紀念碑的巨石，周圍是否存在不明飛行物活動，還是説這個神祕的物體，只不過是

塊相對來說，在距離現在很近的時間裡暴露於火衛一上的巨石？這問題尚且沒有得到完美的解答，美國火星探測器又在火星上捕捉到了一塊類似的神祕矩形石碑。

這塊巨石是由「火星勘測軌道飛行器」攜帶的專用高清相機在165英里（約合265公里）遠處拍攝到的。

看上去，這塊巨石就像是曾在美國導演斯庫布裡克執導的科幻影片《2001：太空漫遊》中亮相的黑石板，它在人類進化的一個重要時刻出現。

那麼，這塊彷彿存在雕琢痕跡的巨石是否和火星生命有關呢？這在太空迷中引發了激烈的爭論。

「火星上過去是否可能存在古文明？美國太空總署是否可能早已知道答案？這難道是揭開謎底的最後一根稻草？」前蒙特利爾電臺主持人大衛·泰勒顯然對火星生命有著極大的興趣。

但是，捕捉到原圖的美國亞利桑那大學科學家，卻給興奮的太空迷們潑了一盆冷水。

他認為，這只不過是塊5米寬的普普通通大石頭。它甚至不能被稱為「整塊巨石」或「某種結構」，因為這種說法意味著它是一種人造物體，好像是人類放在火星上的一樣。事實上，那塊大石頭更有可能是從基岩裂開以後變成矩形形狀的。

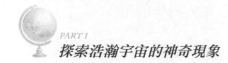
　　亞利桑那大學HIRISE部門首席科學家——阿爾弗雷德·邁克伊文在談到這塊巨石時說：「地球、火星和其他星球上有大量矩形巨石。岩石沉積導致的分層，再加上構造帶破裂，使得直角面偏軟，這樣一來，矩形石塊通常會風化，從基岩分離出來。」

　　所以，把這樣一塊巨石看成一座雄偉的紀念碑，也許不過是人們一廂情願的幻想罷了。

外星人的祕密基地

　　火星一直被認為是最有可能存在外星人的星球。雖然1976年美國發送的「維京」號登陸火星並沒有在火星上發現生命跡象，但是有些科學家們仍然相信「維京」號沒有發現並不表示火星沒有生命，生命可能存於地面或地底下。

　　2009年4月，火星奧德賽太空船拍攝到了一些低解析度的火星影像，在畫面上隱約可見數個黑點，但它們很黑，裡面什麼也看不到。其中有一個寬度大約為100米的黑點。科學家們認為，這很可能是通往地下深洞的神祕入口。

　　這個黑點位於巨大的火星火山ArsiaMons的斜坡上。如果那裡存在生命的話，就意味著這個不同尋常的洞穴能給火星生命提供保護，它很可能是外星人居住的祕密基地。

　　這些洞和地下洞穴可能成為未來太空船和飛行器的主要目標，甚至為下一代人類行星探測器提供棲息地。

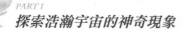

火星南極的冰冠為何不對稱

不僅地球有南、北兩極，火星上也有冰凍的極地冰冠。這兩者之間存在一些差異：地球的極地是由冰水物質構成的，但火星極地冰冠則是由二氧化碳構成。

火星的兩極大多數時候被固態二氧化碳覆蓋著，這個冰罩的結構是層疊式的，它是由冰層與變化著的二氧化碳層輪流疊加而成。在火星南半球的夏季，多數冰冠會發生昇華——固態冰會直接轉換成氣態形式，昇華完成之後，極地表面會有一些殘留物質，主要以冰態二氧化碳為主，這種物質也被稱為「乾冰」。

當冬季來臨時，火星南極的冰冠會呈現對稱的分佈形態，此時，殘留的冰冠將會發生3到4度的偏移。這種偏移現象是如何產生的呢？

最初，科學家們認為這是由於冬季降落在極地西半球的雪偏多，在夏季和春季，有一些表層積雪被保留了下來，進而導致了冰冠的偏倚。但是，根據歐洲太空局「火星快車號」探測器機載的傅立葉行星分光計發回的探測資料，這種說法是站不住腳的。義大利IIFSI研究機構的研究員馬科·吉烏拉那和他的同事，對火星南極

大氣層的溫度和其他條件進行了測試，並對南極冰冠二氧化碳堆積進行了分析。最終認為，火星極地冰冠可能存在輕微的機制差異，風、雪和太陽的奇特交互性反應，都是極地冰冠不對稱現象的構成因素。

他們發現極地冰冠的偏移現象開始於火星中緯度向東強烈的風力，這股風力直接吹向海臘斯盆地，這個盆地的直徑為1429英里，深度為4英里，是火星表面最大的碰撞結構。當強勁的風經過海臘斯盆地時，由於接觸到陡峭的壁面，風力發生了偏移，並引起了大氣層的強大波動，改變了火星高緯度風力的路程，促使氣候系統接近於南極區域。

在火星西半球，強低壓系統接近於南極區域，而一個高壓系統位於東半球，然後再接近南極區域。西半球的低壓系統使氣溫變得更低，這一溫度僅能將二氧化碳濃縮成為雪狀結構，這意味著南極西半球是由雪和霜凍構成的。

所謂的霜凍，也就是火星極地夜晚出現在火星表面上的濃縮的二氧化碳。一旦這些二氧化碳氣體接觸到極地表面，就會被立即凍結。由於高壓系統的存在，東半球的溫度總是相對暖和，無法形成冰雪，所以東半球上僅存在著霜凍。因此東西半球極地冰冠的構成存在著差異。

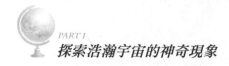

　　另外，由於霜凍的顆粒比雪顆粒更大，且表面更加粗糙，所以霜凍能夠吸收更多的陽光，促進昇華作用。而覆蓋在西半球的大量雪將向太空反射更多的陽光。因此，由雪和霜凍構成的南極冰冠的西部區域，不僅有大量的二氧化碳冰堆積，而且在夏季時昇華得更慢，而該區域的霜凍在夏季時則會完全消失。

　　在上述因素的綜合作用下，火星南極的冰冠出現了非對稱性分佈。

西班牙的「天然」火星實驗室

　　發源於西班牙塞維拉西部的力拓河，是研究可在酸性高、含鐵量大的極端環境中生存的有機體的一個理想場所。在這裡進行的實驗，在如何研究含鐵豐富的火星的問題上，為科學家提供了寶貴資訊。長期以來，科學家一直希望能在地球上進行高度模擬的模擬實驗，以便更好地研究火星的生態環境。2008年8月，科學家們發現的力拓河滿足了他們的需要。

　　這條河流的生態環境和火星非常相似。2億年前，河水源泉附近有鐵礦石，後來由於地熱活躍性作用，鐵礦石沉積下來。

　　泉水從鐵礦石中分離出硫化鐵礦物質，使河水變成了紅色。同時，硫化鐵礦物質分離形成硫磺酸。當PH值達到1.5～3時，力拓河水將變得像醋一樣酸。這種酸性環境彷彿是一個地表下的「生化反應爐」，直接可以模擬火星地表下的環境。如今，科學家已經在這條河流上開始利用先進的生命探測技術進行高模擬的實驗，並且取得了一定的成果。

　　令人吃驚的是，科學家們竟然在力拓河中找到了

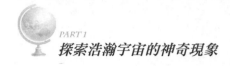

各種各樣生命體的存在，如：細菌、藻類、原生生物的
單細胞生物體和生長於酸性河水上游的真菌。如此結
果，是否也意味著與之環境相仿的火星也可能存在生命
呢？為了研製一種先進的火星生命探測儀器，西班牙天
體生物學中心的專家費爾南多‧佩雷斯一直在力拓河上
進行實驗並收集相關資料。他希望可以開發一種裝置，
用來探測礦物質和有機物，並最終建立一個科學模型，
用於探測火星生命。

在這個過程中，有一項技術至關重要，甚至決定
著研究的成敗，即「現場光譜技術」。佩雷斯認為，科
學家們可以利用力拓河的生態環境進行生命探測技術的
測試，但是他們必須開發一種實用的技術，使採集到的
樣本能夠得到及時的分析。「現場光譜技術」就意味著
一旦收集到了火星樣本，不用運回地球實驗室，就可以
進行現場分析，這樣既提高了效率，也避免了樣本在運
回途中被污染的可能性。

力拓河的生態環境為科學家們提供了測試生命探
測儀器的好場所，但這個過程仍將是漫長且艱巨的。懷
著對宇宙的無限好奇，人類一直在認真地為未來火星生
命探測做著準備。

美國小鎮的UFO墜毀事件

　　一天清晨，美國德克薩斯州奧羅拉鎮郊區沃斯城堡小鎮的居民們像往常一樣，悠閒地開始了一天的生活。但是，有個人突然停下了腳步，他表情驚恐，嘴巴微微張開似乎忘了閉上，瞪大雙眼詫異地望著天空。旁邊的路人順著他的目光看過去，也不由得嚇呆了，一個巨大的銀色雪茄型的物體正飄在空中。

　　在他們的注視下，這個奇怪的飛行物撞上了普洛克特法官住宅的塔樓。他們的驚叫聲瞬間便被湮沒在震耳欲聾的爆炸聲中。奧羅拉鎮的居民們，匆忙趕往普洛克特法官家的農場，希望能夠見證這個奇觀，或許也能施以援手。

　　但是，這個飛行物已經在爆炸中變成了碎片，而飛行物中唯一的飛行員遺體已經嚴重變形。這具屍體身材瘦小，看上去很奇怪，似乎並不像正常的人類，連之後當地的報紙都稱其絕非地球上的生物。按照基督教的儀式，奧羅拉鎮的居民埋葬了這具遺體。在一個小小的葬禮上，人們都懷著極其複雜的心情，他們有些恐慌，但更多的是好奇，這神祕的飛行物和不明生物究竟從何

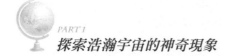

而來，目的是什麼，又是什麼導致了相撞與爆炸？後來，人們將一塊小石板放置在墓地上，以表示這裡是遇難飛行員的墓地，而飛行器的殘骸則被扔到了一口井內。

　　事件發生的時間是1897年4月17日，兩天之後《達拉斯晨報》上詳細刊載了這個事故。這令全世界的UFO研究者們為之興奮，他們認為那個不明飛行物應該是外星人的飛碟，遇難的飛行員一定是懷著某種目的光臨地球的「天外來客」。

　　但是，那架飛行物會不會是熱氣球？或者是一艘人類駕駛的飛艇呢？這樣的觀點很快被研究者們否定了。因為在十九世紀末期，儘管熱氣球已經廣泛使用，但它無法完成目擊者所描述的如直角轉彎、快速升降等複雜動作。更為先進的飛艇技術雖然已經註冊了專利，但在那一時期並沒有任何實際飛行的記錄。當然，那更不可能是一架飛機，因為這一時間比萊特兄弟首次飛機試飛還早5年，飛機還沒有被發明出來。

　　這個故事流傳很廣，但是在奧羅拉鎮墜毀事件被報導之後，卻再也沒有類似的事件發生，以至於有人開始懷疑，這個故事可能是鎮上居民製造出的一個大騙局。

　　為了揭開事實的真相，1973年，「國際UFO組

織」創始人海頓・海威斯首次來到了奧羅拉鎮。他堅定地認為這個故事是UFO存在的最好例證，所以，他帶著專家小組，來到這裡進行實地調查。奧羅拉鎮居民給予了他們熱情的接待，但卻沒有興趣幫助海威斯揭開飛艇的謎團。後來，奧羅拉鎮的居民布羅雷・歐茨給調查帶來了轉機。羅雷・歐茨在1945年左右搬到了這座小鎮。他居住的地方距離飛艇墜毀地點很近，搬到那裡之後，他發現房子旁邊的水井裡塞滿了金屬物質及碎片，便讓人幫忙清洗了一下。然而，在這之後的幾年中，他的手上出現了一些非常嚴重的關節炎症狀，他認為這是因為他一直喝那口井的井水所致。於是，布羅雷・歐茨將水井蓋上了一塊厚重的水泥塊，不再用井裡的水。

　　海頓・海威斯想要去調查這口水井，但卻遭到了當地居民的阻止，所有與謎團有關的關鍵證據就這樣被封存在了井裡。

　　直覺告訴海頓・海威斯真相就在這裡，2005年，他再次來到奧羅拉鎮。此時，城鎮的規模已經明顯縮小了，過去3000多名居民如今只剩下400多名。這一次，海威斯試圖尋找那名神祕飛行員的墓地，但由於原先那塊石板標記已經被人偷走了，所以，人們再也不可能知道埋葬飛行員的確切位置了，海威斯只好退而求其次再從那口水井中尋找答案。在那口早已被水泥封住的水井

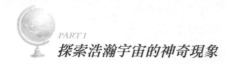

上面，鎮上的居民又蓋了一座小屋，還在其前面豎起了圍欄。海頓・海威斯多次申請進入那片區域，但都未得到回復，只能遠距離對其進行觀察。

水井的周圍沒有任何植物存活，海威斯認為正是由於當年填埋進去的金屬碎片污染了周圍的土壤，才會造成這種寸草不生的情況。雖然這只是一種猜測，但海威斯認為：至少有85％的機率可以確定，在這座小鎮上確實發生過UFO墜毀事件。

無獨有偶，另一位UFO研究者約翰・舒斯勒也認為奧羅拉鎮上流傳的飛碟故事是真實的，因為不論是在當年媒體的報導裡，還是鎮上居民的口口相傳中，這個事件的時間、地點、過程，甚至結果都是一致的，不存在任何矛盾，它們可以充分證明這不是一次誤判，更不是一個世紀大謊話。關於奧羅拉鎮事件的真相，也許只有等到那口水井被重新打開的時候才能被真正破解。

「黑色騎士」和不明殘骸

在童話《女妖和瓦西莉莎》中，有一個穿黑盔甲，騎黑馬，連韁繩都是黑色的騎士，他象徵著黑夜，一出現夜幕即會降臨，是女妖巴芭雅卡的忠實僕人，被稱為「黑色騎士」。

在浩瀚的宇宙中，有一顆地球衛星與童話故事中的人物同名，也被稱為「黑色騎士」。它非常「怪異」，因為其運行方向與其它衛星的運行方向正好相反。這顆衛星是在巴黎天文臺觀測站工作的法國學者雅克‧瓦萊於1961年發現的。

隨後，按照瓦萊提供的精確資料，世界上許多天文學家也發現了這顆環繞地球逆向旋轉的獨特衛星。

法國著名學者——亞歷山大‧洛吉爾推斷，「黑色騎士」可能與UFO有聯繫。因為那種繞地球運行的與眾不同的方式，顯示它具有能夠改變重力的巨大能量，而這似乎只有UFO才能做到。

「黑色騎士」的祕密還沒揭開，1983年，美國的紅外天文衛星在北部天空執行任務時，又發現了一顆神祕的衛星。這顆體積異常巨大、具有鑽石般美麗外形的

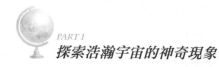

衛星兩次出現在獵戶座方向，兩次現身時隔6個月，顯示它在空中的運行軌道比較穩定。

根據天文學家對衛星和地面站的跟蹤研究顯示，這顆衛星內部裝有十分先進的探測儀器，週邊有強大的磁場保護。它似乎一直在透過某種先進的掃描器探測地球的祕密，並使用強大的發報設備將搜集到的資料傳送到了遙遠的外太空。

沒有人知道「黑色騎士」以及這顆詭異衛星的真正「身份」，但可以肯定的是它們不是來自地球，所以有人認為它們可能是來自外太空某一個星球的人造天體。法國天文學家佐治・米拉博士甚至認為，在獵戶星座附近出現的衛星至少已製成五萬年之久。

在地球軌道上運行的不僅有這些完好的外來衛星，還有一些來歷不明的飛行器殘骸，有人推測它們是爆炸後存留的外星太空船殘骸。

20世紀的60年代初期，在離地球2000公里的宇宙空間裡，前蘇聯科學家首次發現了特殊的太空殘骸。這些殘骸由十片破損的碎片組成，莫斯科大學的著名天體物理學家玻希克教授和他的助手認為它們原先本是一個整體，從一個相同的地點分離出來，並且由一次強烈的爆炸所導致。

10片碎片中最大的兩個直徑約有30米，由此，人

們推斷這艘太空船至少長60米，寬30米。美國核子物理學家與太空專家斯丹唐·費德曼認為在一段時間之後，人類有能力把這些殘骸重新拼合起來。根據設想的飛船結構，這架飛船內部設備非常先進，還有供探視使用的舷窗，外部有一定數目的小型圓頂，大概是裝設望遠鏡、碟形無線以供通信之用。

　　但到目前為止，科學家們依然不知道那顆5萬年前被發射升空的人造衛星究竟是從何而來的，它繞地球運動的目的又是什麼，也不知道在地球軌道上漂浮著的太空船殘骸又是怎樣來到地球並被毀滅的。無邊神祕的宇宙，總是給人們帶來了太多的猜想，製造了種種的「謎團」，等待人們去一一揭開它的面紗。

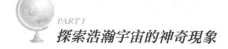

「諾母」傳說中的天狼伴星

　　月朗星稀的夜晚，在深邃高遠的天幕上，人們很容易看見一顆明亮耀眼的恆星，它就是天狼星。天狼星其實是一個雙星系統，由兩顆恆星組成，其中一顆是人類能夠用肉眼看到的天狼星Ａ，也是夜空中所能看到的最亮的恆星；天狼星Ａ還擁有另一顆肉眼看不見的伴星，也就是天狼星Ｂ。由於天狼星Ａ的亮度是天狼星Ｂ的一萬倍之多，所以當人類仰望宇宙時，很難發現這顆小小的伴星，同時，天狼星Ａ的高亮度也影響了科學家們對天狼星Ｂ進行精確觀測。

　　但是，在多貢族的傳說中就有關於這顆伴星的最早記載。多貢族是非洲的一個古老民族，他們居住在廷巴克圖以南的山區，屬於現在的馬里共和國轄下，以耕種和遊牧為生，生活艱難貧苦，大多數人還居住在山洞裡。

　　他們沒有文字，只憑口授傳述知識。多貢族的傳說中曾提到了一顆叫做「波托羅」的星球，「波」是一種細小的穀物，「托羅」是星的意思，也就是說這是一顆細小如穀的星球。「波托羅」是圍繞天狼星運動的，

它是黑暗的、質密的、肉眼看不見的，所以多貢族人又稱它是天狼星的「黑暗的夥伴」。然而，他們又說這顆星球是白色的，所以，「小、重、白」是他們總結的天狼伴星的特徵。

事實證明，多貢人口頭流傳了400多年的傳說是正確的。1834年，天文學家開始從天狼星運行的異常軌跡，推測它可能擁有另一顆伴星；1862年，有人證實了天狼伴星的存在；1928年，人們借助高倍數望遠鏡等各種現代天文學儀器，觀測到它是一顆體積很小而密度極大的白矮星。

它的直徑大約為12000公里，比地球還稍微小一些，但是品質卻達到了太陽的98％，這也就意味著它的密度十分驚人，茶杯般大的天狼伴星的物質重量可以達到12噸，這正好證明了多貢族傳說中「最重的星」的說法。

毫無疑問，生活在非洲山洞裡的多貢人顯然沒有高科技的天文觀測儀器，那麼，他們是怎樣早於天文學家們發現了這顆天狼伴星呢？

在多貢族的傳說中，諾母神是從天狼星系來到地球的智慧生物，它們來到地球就是為了將一些天文學知識傳授給他們。據說，諾母長得既像魚又像人，是一種兩棲生物，大多時候生活在水中。

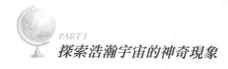

　　它們是乘坐飛行器來到地球的，飛行器盤旋下降，發出巨大的響聲並掀起大風，降落後在地面上劃出了深深的印痕。

　　至今，多貢人還保存著一張畫，內容就是諾母乘坐著拖著火焰的巨大飛船，從天而降的場景。在多貢人的舞蹈中，也還保留著有關諾母的傳說。此外，多貢人說諾母還傳授給他們許多天文學知識，如：多貢人有四種曆法，分別以太陽、月亮、天狼星和金星為依據；他們認為宇宙的核心就是天狼伴星，它是神所創造的第一顆星；他們早就知道行星繞太陽運行，土星上有光環，木星有四個主要衛星。

　　如果多貢人的傳說是真的，那麼諾母很可能就是一種高智商的外星生物。它們擁有高於人類的智慧，對浩渺宇宙的瞭解顯然也要多於人類。從它們的口中，多貢人很早就知道了天狼伴星的軌道週期為50年（實際正確數字為50.04±0.9年），其本身繞自轉軸自轉（這也是事實），他們甚至還在沙上準確畫出了天狼伴星繞天狼星運行的橢圓形軌跡，與天文學的準確繪圖極為相似。多貢人還說，天狼星系中還有第三顆星，叫做「恩美雅」，有一顆衛星一直在環繞「恩美雅」運行。雖然直至今天，天文學家仍未發現「恩美雅」，但古老的多貢族傳說，使人們似乎已經默認了這顆星球的存在。

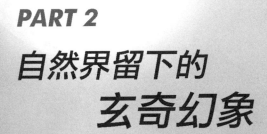

PART 2

自然界留下的
玄奇幻象

THE CRAZY
BIZARRE WORLD

多「日」同輝

　　後羿射日是流傳於中國民間的一個著名故事，故事裡天空中曾經出現過十個太陽的景象。這種多「日」同輝的景象是否只存在於傳說中呢？

　　2008年2月，在中國陝西省黃陵縣上空出現了「多日同輝」的奇觀。上午，當太陽漸漸升起時，太陽兩側和上方出現了2、3團明亮的光暈，由一道彩虹相連，包圍著太陽，宛如天空中有3、4個「太陽」。這種現象一直持續到10點左右，隨著太陽的升高才逐步消失。

　　而在此兩年之前，中國的大慶地區也曾出現過類似的景象。那天清晨，在冉冉升起的太陽兩側同時出現兩個「小太陽」，大太陽光環正上方有一道淡淡的彩虹。而在頭頂上空，還有一道色彩鮮亮的彩虹，它的旁邊也有一個「小太陽」。這樣看上去天上好像同時出現了四個太陽一樣。由於觀測角度差異，有人看到的是「兩日同輝」、「三日同輝」，只有部分居民看到「四日同輝」的奇觀。這個奇特的景觀過程持續了大約1小時50分鐘左右，直到上午9點左右才漸漸消失，大慶市

區正南方晴朗的天空才逐漸恢復了正常。

這種壯觀景象的成因是什麼呢？它的出現是否遵循著某種規律呢？這種景觀只有在特定的氣候環境或氣象條件下才會形成。氣象專家解釋，這種現象在氣象學中被稱為「假日現象」。當氣溫比較低的時候，空氣中水氣充足，水氣在雲層中凝結成冰晶，陽光透過冰晶產生折射，會分解成紅、黃、綠、紫等多種顏色，進而出現人們所看到的彩虹。

同時，從冰晶中射出來的多條光線會射到人的眼睛中，中間那條太陽光線，是由中間位置的太陽直接射來的，是真正的太陽；而其他光線，則是太陽光經過六角形晶柱折射而來的。這樣，人們就看到了多個太陽，其實一般情況下，只有中間那個才是真正的太陽，而兩旁的則是太陽的虛像。

「假日」的種類很多，有的呈環形，稱為圓暈；有的則呈光斑。這種天文現象看上去雖然比較奇特，但實際上卻是一種雖不常見，卻很正常的氣象現象。

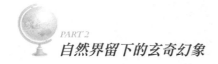

罕見的月虹奇景

　　1987年6月7日子夜，中國新疆烏蘇縣出現了一條呈乳黃色的夜虹。有幸看到這一奇觀的人描述說：「那條夜虹部分地方色彩濃郁，在月光和閃電映襯下，婀娜多姿，十分動人。」

　　通常情況下，彩虹一般出現在白天，那麼夜間為什麼也能產生虹呢？虹是由空中雨滴像三棱鏡那樣折射分解陽光而形成的，按照常理分析，虹似乎只有在白天有太陽的時候才會出現。

　　所以，夜間出現的又被稱為「月虹」的彩虹，一定不是直接借助太陽直射的光線形成的。但是，月亮分明是不會發光的星球，這到底是怎麼回事呢？

　　其實，月亮雖然不能發光，卻可以反射太陽光，這也正是月光的由來。太陽光是七色光，所以月球反射的光線也是由赤、橙、黃、綠、青、藍、紫這七種可見的單色光組成的。如果晚上月光足夠明亮，而大氣中又有適當的雲雨滴，同樣可以形成彩色的月虹。

　　不過，由於月光畢竟比太陽光弱很多，所以大多數月虹都被誤認為呈白色，因為微弱的光線使月虹顯得

特別暗，顏色也就自然難以分辨出來了。如果能夠將看上去是白色的月虹拍攝下來，結果照片一定會顯示出和日虹一樣的彩色。

其實，中國對月虹現象早有記載。在《魏書》中就有一段詳細的記載：「世宗正始4年（西元243年）11月丙子，月暈……東有白虹長二丈許，西有白虹長一匹，北有虹長一丈餘，外赤內青黃，虹北有背……」這裡所說「虹北有背」，很有可能就是指在虹外側還有色彩較淡的副虹。

中國的古人不僅將月虹的現象記錄在了史書裡，還用美麗的詩歌描繪著這種奇妙的景象：「誰把青紅線兩條，和雲和雨繫天腰？玉皇昨夜鑾輿出，萬里長空架彩橋。」現在，人們對月虹的成因瞭解得越來越清楚，卻依然保持著非常濃厚的興趣，因為月光畢竟比太陽光弱得多，因此形成的月虹往往沒有日虹那麼明亮，有時候人們甚至很難發現。所以，月虹的出現還是格外新奇，以至於1987年出現在美國克邦斯普敦城的月虹，引發了極為壯觀的觀賞盛況。

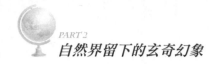

天上掉下來的星星凍

1979年8月10日夜，一道亮光劃破天空，墜落到美國德克薩斯州達拉斯市附近。有人循著光團的墜落方向找過去，發現了三堆紫色的物體，其中一堆已經溶解了，另外兩堆則被冷凍起來並被送去研究。這就是發生在20世紀的最著名的星星凍事件。

「星星凍」是指相當奇怪的亮光或流星似的物體從天空飛過之後，落在地面上的膠凍狀物質。關於這種現象的最早描述發生在1541年，之後類似的目擊事件時常發生。

比如在1819年的某個深夜，一個火球慢慢出現在深邃的夜空中，緩慢移動並最終降落在美國麻塞諸塞州阿默斯特市一戶人家的院子裡。當天晚上，這家人並沒有察覺到什麼不同，第二天早上，主人在家門口附近發現了一些棕色的奇特物質。

這堆物質是圓形的，直徑大約為20釐米，有一層相對堅硬的外殼，掀開之後，露出柔軟的中心，並釋放著令人噁心的臭味。那家主人本來想把這堆東西處理掉，但發現它的顏色從棕色變成了血紅色，並不斷地從

空氣中吸取水分。他覺得有幾分奇怪，於是把其中一部分收集到玻璃瓶子裡。3天之後，他驚奇地發現玻璃瓶裡只剩下一層深色的薄膜，用手輕輕一捏，那些薄膜就變了纖細無味的灰燼。

在威爾士方言裡，「星星凍」的意思是「來自星星的腐爛物」，所以長期以來人們一直認為星星凍和流星、隕石一樣，與宇宙中的星球有著某種關係，但是美國的科學家曾經對「星星凍」進行仔細的化驗，沒有任何跡象證明它們是來自星星的腐爛物。

所以，科學家開始尋找更加現實的解釋。有些人認為星星凍可能是鳥類的嘔吐物；植物學家卻相信那是一種藍綠色的念珠藻；加拿大的一位教授認為那可能是在腐爛木頭上生長出來的一種凝膠狀菌類⋯⋯但上述的任何一種解釋，都無法和星星凍被發現之前，天空中出現的亮光聯繫起來。所以，星星凍的成因至今仍是個迷。

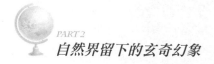

不可思議的晴空墜冰

　　試想一下，在一個風和日麗，萬里無雲的日子悠閒地行走在郊外，將是多麼舒服和愜意，但是假如這時突然從天上掉下一些大冰塊。不管是誰，都一定會大吃一驚！

　　某年1月份的一天，在西班牙南部塞維利亞省的托西那市，一輛轎車停在了路邊，車主搖下車窗，看到了一位朋友。朋友朝他招了招手，車主便打開車門走出來朝朋友走去。正在這時，只聽見身後傳來「啪」的一聲巨響，他回頭看去，不由得目瞪口呆——他的轎車車頂已經不知被什麼東西砸得稀爛！

　　這位車主本以為自己遭遇了壞人的襲擊，大驚失色。但是，之後的調查結果更讓他害怕不已。他的車居然是被一塊重4000克左右的大冰塊砸壞的，而且很明顯這場事故並非人為，也就是說，砸壞他愛車的罪魁禍首很可能是從天而降的。假如當時不是他的朋友把他叫了出來，那麼，他將會成為世界上第一位墜冰的「犧牲者」。

　　21世紀初的西班牙曾經連續發生過多次「空中降

冰」事件，其中兩次出現時間間隔只有7、8天！西班牙國家氣象局的專家已經否定了「冰雹」的可能性，這些冰塊是否來自太空還有待證實，但是從很多跡象來看，「墜冰」的可能性相當大。

中國也曾經出現過類似的現象。1955年，一塊較大的墜冰碎成3塊並落在了浙江省余杭東塘鎮的水田中，這些碎冰原重估計約為900克。

當時，發現者對它進行了妥善的保護，並及時送到了紫金山天文臺。中國的無錫地區也曾受過這種空中墜冰的「青睞」，在1982年至1993年短短11年間，無錫竟然連續發生了5次墜冰事件，這不能不令人感到蹊蹺。

經過多年的研究探索，科學家們已經初步認定這些晴空墜冰，其中至少有一部分來自太空，就像為人熟知的隕石一樣，所以，這些墜冰也可以被稱作「隕冰」。隕冰的成因和隕石類似，它最初的母體可能是太空中碩大無比的巨大冰山，原本在太空中繞著太陽而轉動，但是某一天卻脫離了正常的軌道，受到地球引力的吸引，被迫改變軌道落向地面。但是在經過地球周圍稠密的大氣層時它們與大氣層產生摩擦，同時，幾千度的高溫焚燒下使絕大多數的隕落物都消失在了大氣中。只有少數原先巨大的母體，才可能留下殘骸並降落到地面

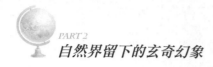

上，成為隕冰（其實，隕石、隕鐵的成因也是如此）。

　　或許，降臨到地球上的隕石、隕鐵是幸運的，因為只要承受住了地球大氣層的高溫考驗，它們就能在地球上找到自己的「棲息之所」，即使是原始時代墜落下來的隕石，也往往能夠被科學家們所發現，但隕冰就沒有這麼好的運氣了。它們一旦落下，很快就會融化，如果不能及時發現和保存，很快就會化成污水而無從辨別。因此，到20世紀末為止，被正式確鑿證明的隕冰數量還不到兩位數。最早確認的隕冰是1955年落於美國「卡什頓隕冰」；第2塊隕冰於1963年降於莫斯科地區某集體農莊，重達5000克。

　　還有人認為，這些隕冰可能來自彗星的彗核，並且包含有彗星以及太陽系形成之前的有關資訊。不論這種推測是否正確，都說明這些常常令人驚訝不已的隕冰的確是不可「怠慢」的貴賓。

穿堂入室的球形閃電

閃電是雲與雲之間、雲與地之間或者雲體內各部位之間發生的強烈放電現象。一般來說，人們看到的閃電都是明亮奪目的閃光，球形閃電相對少見得多。

顧名思義，球形閃電形如圓球，有時很小，有時卻比足球還大。它的顏色也很多變，有時是鮮紅色或淡玫瑰色，有時是藍色或青色，有時是刺眼的銀白色，還有的時候竟然是黑色。

球形閃電行進的方向與風向基本一致，常常隨風飄遊，所以一旦房屋門窗敞開，形成了過堂風，它很可能就會透過開著的門窗或各種縫隙鑽進室內。有時它還停止不動，懸掛在人們的頭頂上。而一旦碰到障礙物時，它常會爆炸並發出巨響。

1978年8月17日，一團橙色的球形閃電曾經造訪了前蘇聯西高加索山區的特拉佩齊亞山。

當天夜裡，5名登山運動員在這座山上過夜。半夜裡，其中一個叫卡烏年科的人突然覺得帳篷內似乎有一團亮光，於是他驚醒過來，然後就看見一團橙色的火球在帳篷中遊走，他驚叫出聲，那團火焰彷彿也受到了驚

嚇一般，突然就鑽進了另一個登山隊員的睡袋，並立即發生了爆炸。

結果非常慘烈，這名隊員當場被炸死，帳篷裡的其他人也受了傷。一般來說，球形閃電的運行速度比較緩慢，有時甚至與人們跑步的速度差不多。人們很容易跟蹤、觀察它，因為球形閃電出現時往往伴隨著輕微的呼哨聲、喊喊聲或嘶嘶聲。

這種球形閃電雖然相對罕見，但相關的歷史記載卻很早就有。中國北宋著名科學家沈括（1031至1095年）就曾遇見過一次球形閃電。當時，球形閃電從天空進入「堂之西室」後，又從窗間簷下鑽出來，雷鳴電閃過後，房屋安然無恙，只是牆壁窗紙被熏黑了。屋內易燃的木架以及架內的器皿都未被電火燒毀，但是一個漆器上鑲嵌的銀飾卻被電火熔化了。

更令人費解的是，鋼質的寶刀也被熔化，但是用竹木、皮革製作的刀鞘卻完好無損。沈括將這段經歷記錄在了《夢溪筆談》中，成了歷史上的一個懸案。

一個半世紀以來，人類記錄了4000多次有關球形閃電的現象。這些發著耀眼的黃色、白色或橙色亮光的球體可以穿過玻璃窗和金屬隔板，也可以從電話聽筒和插電座裡「鑽出來」，它們可能只是在天空中遊走一番便會突然消失，也可能會引發爆炸帶來災難。

雷電帶來的福音與奇聞

　　當兩根被施加了高電壓的電極慢慢靠近時，一旦
近到一定距離，它們之間就會出現「弧光放電」現象，
也就是人們通常會看到的電火花。雷雨天產生的閃電，
與這種現象的成因相似，不過電極之間的火花可以長時
間存在，而閃電是轉瞬即逝的。

　　在地球上，雷電出現頻率非常高。有人曾經這樣
描述過：「當你閱讀一篇文章的時候，世界各地大約正
有1800個雷電交作在進行中。它們每秒鐘約發出600次
閃電，其中有100次襲擊地球。」這些頻頻光臨地球的
閃電，給人們帶來的大多是災難，但有時候也會給人們
帶來福音。

　　一、一天，一位主婦回到家後，發現電冰箱裡的
生鴨竟然「變」成了烤鴨。她本以為是自己的丈夫將鴨
子烤過了，可是丈夫卻說自己一直在公司。這件奇特的
事情引發了科學家的關注，經過一段時間的研究，科學
家告訴這家人這是球狀閃電跟他們開的玩笑。當時，閃
電可能通過某個縫隙進入到了冰箱裡，暫態間，冰箱就
變成了電爐，裡面的鴨子就這樣被烤熟了。這是發生在

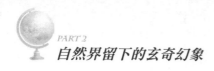

美國龍尼昂威爾小城裡的怪事。最令人奇怪的是，冰箱竟然絲毫沒有損壞！

二、在蘇聯某個農莊，2個在牛柵屋簷下躲雨的孩子突然發現一個橙黃色的火球，它緩慢地朝他們移動過來，一個孩子好奇地踢了它一下，火球轟隆一聲便爆炸了，其實，這個火球本是球狀閃電，孩子們被它擊倒在地，幸好沒有受傷。

三、法國的一座小城下了一場雷雨。雨後，路人看到有3名士兵一直站在樹下一動不動，便上前和他們搭訕。哪知這三個人竟然毫不理睬，路人好奇地推了其中一個人一下，不料這個人頓時倒地。原來，這3名士兵已經被與雷雨相伴隨的閃電擊斃了，他們只是「若無其事」地保持著死前的站姿而已。

四、1973年夏季，在中國河南省的一個小村莊裡，突然下起了暴雨，狂風夾雜著豆大的雨點。陰鬱的天空突然出現一個球狀閃電，它先是遊走到了村東頭，把一棵粗壯的楊樹攔腰擊斷，然後，它又破牆而入，在一戶農民家裡發生爆炸，牲口房裡的驢子被當場擊死。

五、1962年9月，美國艾奧瓦州遭受一場雷雨襲擊。雨後，一位市民在家中的餐廳裡發現了一幕奇怪的景象：餐桌上放著的一疊盤子，共12個，表面看上去它們依舊完整地疊放著，但實際上每隔一個被雷擊碎了

一個，同時，餐桌也是完好無損的。至今也沒用人能對這種怪現象做出令人信服的科學解釋。

六、「挑戰者號」太空梭在空中爆炸之後，美國航太史上又出現了一次罕見的事故，這場事故也與雷電有關。當時，位於美國佛吉尼亞洲瓦羅普斯島發射場的5枚小型試驗火箭即將升空，卻遭遇了雷電的突然襲擊。被雷電擊中的3枚火箭自行點火升空。其中2枚升空後飛行了大約4公里，之後在預定軌道上呈75度角並最終墜毀；而另一枚射出一百米左右後便墜入大西洋。

七、1982年9月的一天傍晚，中國河北省保定西郊發生一件不幸的事情。當時烏雲密佈，大雨滂沱。突然，一戶農民家裡遭到了雷電的襲擊，巨大的火光在東屋房頂升起。這個屋頂被擊出了一個直徑約40釐米的窟窿；同時，一名33歲的婦女在相隔兩個房間的西屋倒地身亡。

八、雷擊會使人喪命並不奇怪，有趣的是，有些身患不治之症的人竟會因為受到雷擊而得到治癒。1980年夏天，一位患白內障雙目失明的印度老人在家中遭到了雷擊。當時，他感覺到腦子震動了幾秒鐘。第二天一覺醒來，他驚喜地發現自己竟然重見光明。和他有同樣遭遇是還有一位70多歲的西班牙老人，他在遭雷擊後也復明了，而且視力不斷增強，到最後不戴眼睛

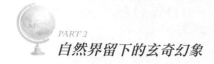

就能閱讀書報。此外，還有一位法國人，手腳因患風濕病而不能動，但被雷擊昏甦醒後卻發現自己已經康復如初。

九、1987年夏季的某一天，在加拿大的紅鹿公園，雷電襲擊了一名7個月大的男嬰。當時，數百萬伏特的高壓加到了男孩占美的身上。他的母親嘉麗被嚇得幾乎暈了過去，在路人的幫助下，她把兒子送到了附近醫院搶救。出人意料的是占美只是受到一點驚嚇，皮膚略有燒傷。2天之後，嘉麗把占美接回到家中，晚上熄燈後，奇怪的事情發生了，占美的身體一直閃閃發光，這種現象一直持續了3個月。醫生解釋說，這種情況可能是由雷擊到造成的。當時雷擊帶來的電力可能被儲存在了占美的體內，而後來恢復正常可能是因為電力完全外洩出去了。

這些由雷電帶來的奇怪事件，有的得到了破解，有的仍然是未解之謎，它們吸引著人們不斷地對其進行研究，而人類自己也希望有一天能夠將雷電的祕密徹底研究清楚。

日本東京下起「蝌蚪雨」

日本東京的雨季剛剛開始，位於日本中部石川縣能登半島上的濱海小城七尾市卻下起一場別開生面的「蝌蚪雨」。

當天，一位公司職員在停車場停車時，天空突然下起了「雨」來。

不同尋常的「劈里啪啦」的聲音讓他感到詫異，緊接著他便在車的擋風玻璃和地上看到了很多黑色的物體，仔細辨認後竟發現都是蝌蚪的屍體，大概有100多隻。

這場詭異的「蝌蚪雨」影響範圍很大，不斷有市民向氣象部門反映自己也看到了這一奇特現象。

這種「天降異物」的現象曾經出現在世界各地。

1876年，美國肯塔基州曾經下過一場肉雨，如同雪片一樣大小的肉塊「唰唰」地落了下來。

1977年，美國加利福尼亞州的天空，曾經落下幾百隻半死不活的鴿子；還有一些小動物，如水母、青蛙和蛇偶爾會出人意料地從空中落下，有時甚至在離水域數公里遠的地方。

對這種現象，科學家們一直解釋説動物雨很可能是龍捲風造成的。

因為當龍捲風急速地經過湖泊或海洋上方時，可能會把水以及水裡的一些東西帶進雲層中。

牠們會隨著暴風雲中的強風翻山越嶺，漂洋過海，進行長途飛行，最後，隨著風力的減弱，牠們便會從雲端墜落下來，有時可能伴隨著雨水，而有時落到地面的可能只有這些動物的屍體。

七尾市的「蝌蚪雨」出現後，一時間議論紛紛，很多人也認為蝌蚪可能是由龍捲風帶到空中，而後又甩向了地面，但一名氣象局官員卻稱這種可能性非常的小，他説：「人們猜測是海上龍捲風將這些蝌蚪帶到空中去的，但從氣象學角度來説，我認為這不可能。我們已經調查了上周的氣候報告，的確有旋風經過了這裡，但並不強烈，沒有造成任何破壞。」

按照這種説法，這種連人都沒有震感的旋風級別很小，不太可能把蝌蚪帶到空中去。

還有另外一種更加奇特的説法，日本鳥類保護聯盟的專家認為，很可能是蒼鷺等鳥類進食後，在飛行中受到了驚嚇，所以才將剛剛吃進腹中的蝌蚪吐了出來。

顯然，這種觀點更加經不起推敲，因為雖然大型的蒼鷺一次進食可能達到一百多隻蝌蚪的數量，

　　但是其經過消化後的嘔吐物，只可能是模糊的團狀物，而不可能是整隻蝌蚪。這場「蝌蚪雨」究竟是怎樣開始的，還沒有統一的答案。

　　但是人們所感興趣的或許並非一個合理的解釋，而是這樣奇特現象所帶來的格外有趣的故事。

可怕的「火雨」

　　大約100年前，一場火雨襲擊了亞速爾群島地區，這場災難中，整整一支艦隊被火雨完全摧毀。很早的時候，火雨就被人發現過，當時這種現象還是相對罕見，近些年來這種現象出現的次數越來越頻繁。火雨曾經在非洲的薩凡納引發了火災，還曾經使德克薩斯的草原陷入了火海。這令很多人深感不安。於是，全世界天體物理學家都將注意力集中到了與火雨有關的研究中。

　　一般來說，火雨產生的火災很難被撲滅。因為火雨引發燃燒時會產生瀑布式傾熱，所以滅火時不僅要撲滅燃燒著的物質，還要對付高達攝氏2000度的雨熱。這個時候，水並不是最有效的滅火手段，因為對這種雨熱來說，水只是一種「清涼淋浴」。所以，滅火時除了用水，還要使用特殊的矽質粉，以使熱源無法接觸到氧氣。

　　而關於火雨現象的成因主要有這兩種解釋。一種觀點認為，火雨現象產生於散落的彗星，是由落到地球的某些散落特質引起的。一般來說，火雨會在彗星散落到地球之後的2～6年內出現。如果這種假設成立，那

66

麼在最近6～15年內將會出現一些火雨。

　　這是因為近年來越來越多的彗星散落到了地球，所以，6～15年後，火雨引發的火災數量將達到每年8起，而50年後甚至會升至每年30起左右。

　　另一種觀點認為，火雨現象是人們尚未認識的一種對文明的破壞活動。雖然很多人認為火雨跟宇宙中的彗星有關，但是化學家對火雨的光譜分析結果顯示，這種現象似乎與彗星的化學成分沒有什麼關係。堅持火雨與彗星有關的人認為可能是因為很多物質在大火之中被焚毀了，但反對者又說火不可能消滅掉所有的物質成分。

　　兩種說法都各有道理，但都需要進一步研究證實。

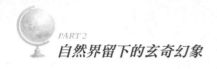
駭人聽聞的「五彩雨」

1891年11月2日，在比利時的布蘭肯伯格地區下起了一場特別的大雨。這場雨的不同之處在於，雨水都是紅色的。

經驗告訴人們，雨水應該是無色無味的，但是這場紅雨究竟是怎麼一回事呢？

或許是因為龍捲風帶起的紅沙混雜進了雨水中吧！人們抱著這樣的想法對雨水進行了成分分析，結果與他們的假設並不吻合。他們對144盎司紅雨水進行了試驗，當雨水減少至4盎司時，仍然沒有發現任何紅沙。但是，在進一步的分析中，人們發現了一種叫抓化鑽的物質。然而，這個發現也並不能解釋紅雨的成因。

無獨有偶，世界上的其他地方也曾經下過各種色彩的雨。

1955年7月的某一天清晨，在美國俄亥俄州，愛德華‧姆茨先生像往常一樣來到了花園中，但眼前的情景讓他嚇呆了，只見花園中的桃樹和樹下的草皮都死掉了，樹枝上掛滿的桃子也已經乾癟了。到底發生了什麼？突然，他的目光被草皮上的一個塑膠袋吸引住，因

為那個塑膠袋上有一些紅色的水滴。於是，他想起了前一天下午那場奇怪的紅色雨水。

當時，他正在花園裡工作。突然，他感覺到一滴溫暖的水滴滴落在他的胳膊上。「下雨了！」愛德華·姆茨先生一邊想一邊抬起頭看了看天，他發現天空的雲層中居然有一塊奇特的雲團，因為那團雲的呈現出暗綠、紅色和粉色，顏色非常詭異。他再低頭看自己的胳膊，才發現胳膊上的雨滴居然也是紅色。

雨越下越大，不斷從那團雲彩中落下來，正好落在花園裡的桃樹上。愛德華·姆茨先生並沒有急於進屋，這場紅色的雨讓他感到奇怪，於是他又抬頭望望天，但這時他突然感覺到疼痛，之前被雨滴淋濕的雙手開始有被燒灼的感覺。

這讓愛德華非常害怕，他趕快跑回屋子，用清水和肥皂仔細地清洗了雙手。清洗的過程中，疼痛感一直沒有消失，就像是松節油塗在了割破的傷口上一樣。他隔著玻璃看向外面，紅雨已經下得很大了，那些「雨」水就像鮮血一般。

第二天，愛德華先生就在自己的花園裡看到了之前的一幕，他沒預料到，這場雨的殺傷力竟然如此強大。後來美國科研機構的人取走了桃樹果實和草坪的樣品。不過，最後他們並沒有公佈研究的結果。或許他們

也沒有搞清楚這種有顏色的雨到底是怎麼一回事。

鄰居們開玩笑地對愛德華先生說，是不是當時正好有架飛機從天空中經過，並傾倒下了這些紅色的液體。愛德華·姆茨先生卻斬釘截鐵地表示他抬頭看了很久，除了那團詭異的雲彩，他並沒有看到其他值得注意的現象發生。

美國航空局也證實了當時那一帶沒有飛機經過。有的專家則表示那些紅色雨水和化工廠排出的廢氣造成的污染似乎也沒有什麼關係。

那麼，這些奇怪的「雨」究竟是從哪來的，至今也仍然沒有人能說清楚。由此看來，這種雨水的來歷還真是有些奇怪。

為何會天降怪雪

「六月飛雪，必有奇冤」，中國人素來愛用這樣
的說法形容怪異的氣候現象。

2006年8月2日，中國深圳市氣象部門發佈了颱風
即將來襲的警報，但是某社區的高層居民還沒迎來颱
風，卻先看到了「八月飛雪」的奇異現象。

深圳市在中國南方，冬季都很少會降雪，更何況
是炎熱的8月。空中飛舞的雪花大約黃豆大小，在風中
彷彿像是飄飛的柳絮，一旦落在樹木或碰到牆壁，便會
迅速地消融，同時，空中還飄著毛毛細雨。「飛雪」
的現象僅僅持續了2分鐘，不久之後，隨之風力逐漸加
大，雪也漸漸消失了。

其實，深圳市民們所看到的飛雪並不是真正的
「雪花」，而是一種叫「霰」的天氣現象。所謂的
「霰」，是一種固體顆粒，呈白色，不透明、形狀像是
球形的米粒一樣，由於形成與冰雹一樣，也被稱為「軟
雹」。

霰的外形雖然和雪相似，但卻和雪有著本質區
別，它形成於氣團上升、氣層較不穩定的條件下。

　　這種天氣現象在中國的北方比較普遍，但在南方卻很少出現，這是它在中國深圳的首次「現身」，因此對深圳市民來說，顯得格外稀奇。

　　除了「霰」之外，還有另外一種類似雪花但又迥然不同的「降雪」天氣。2005年1月4日夜間，在中國西北部的蘭州市西固區、七裡河區曾天降大雪，但讓人驚異的是，落到地上的米粒狀雪花就像一粒粒塑膠泡沫，它們落到地上後不僅長時間不融化，甚至還會隨風滾動。其實，這種類似於降雪的現象是「米雪」，又被人們稱為「米糝」，它是從高度較低的雲層中降落下來的，有時也可能出現於濃厚的霧中。

　　除了以上這些神奇的降雪現象之外，還有些地方曾經發生過天降「彩色雪花」的神奇現象。比如俄羅斯遠東地區就曾經降過一場粉色的大雪，當時大雪把地面籠罩成了粉色。與俄羅斯的「粉雪」同時，韓國首都首爾及其全國多地都降下了黃色的雪花。

　　那麼，這些有顏色的雪又是如何形成的呢？

　　氣象專家解釋說：初春以來，蒙古東部荒漠地區氣候非常乾燥，地上的浮塵顆粒被大風卷到高空，並隨著風向俄羅斯及韓國境內移動。一旦這些浮塵顆粒與來自北太平洋的冷濕氣旋相遇，就會與水蒸氣發生微小的化學作用，夾雜著浮塵的雪花便呈現出了粉色或黃色。

會跳舞的北極光

　　「極光」這個詞來源於拉丁文「伊歐斯」一詞，傳說伊歐斯是希臘神話中「黎明」的化身，是希臘神泰坦的女兒，是太陽神和月亮女神的妹妹。極光是一種大自然的天文奇觀，顏色以綠、黃、白、藍居多，偶爾也會呈現豔麗的紅紫色，形態可分為帶狀極光、弧狀極光、放射狀極光和幕狀極光等多種。一般來說，只有在嚴寒的秋冬夜晚，在高緯度地區，才會出現曼妙多姿又神祕難測的極光。

　　尤其是北極地區的夜色裡，那五彩斑斕、變幻莫測的動態極光，簡直像是在舞蹈一樣。多年來，動態極光的成因一直沒有定論。極光產生於太陽向外發射的高速帶電粒子與地球大氣原子的衝撞，但是這種情況下產生的極光都極其微弱，人類很難用肉眼觀測到。那麼，動態極光是怎麼產生的呢？2008年7月，借助美國太空總署五顆「西彌斯」衛星及北美地區的20個地面觀測站，美國科研人員解開了北極光會「跳舞」的謎團，他們認為動態北極光的成因是磁重聯，它發生在地球和月球間距地球大約1/3處。

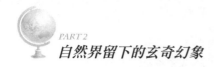
　　由於太陽風把地磁場磁力線向遠離太陽的方向「拉扯」，進而改變了地磁場磁力線的分佈，磁力線突然的重新排布也就是磁重聯現象。

　　在距地面約13萬公里處，地磁場磁力線就像一條被拼命拉扯的橡皮筋，一旦發生斷裂，就會向著地面方向「彈」過去，而後再重新連接。在這個過程中，磁能就會轉化成動能和熱能，促使北極光閃爍起來，配合著深邃的夜色，看上去就像在跳舞一樣。

海上燃燒著的光輪

在印度洋或印度洋鄰近海域，很多人都曾經目睹到神奇的「海上光輪」，但這種現象在其他海域卻鮮少有發生過。

「海上光輪」是一種神奇的光圈，出現在夜裡，看上去就像是在海平面上奔馳的輪子一樣，它的出現往往還伴隨著其他令人難以解釋的現象。

英國一艘輪船曾在海上遭遇了「燃燒著的光輪」。當時，船員們看到了兩個巨大的光圈從遠處「奔跑」而來，它們旋轉著靠近了船隻。就在光圈即將觸到輪船的一剎那，桅杆倒了，隨後，船員們聞到了一股強烈的硫磺氣味。美國的「派特納」號輪船也曾在波斯灣海面遇到過類似的現象。

那是1880年5月的一個黑夜，輪船正按照正常的航向和航速行駛，兩個直徑約500～600米的圓形光輪突然出現在船的兩側。

這兩個奇怪的光輪，跟隨輪船旋轉前進，幾乎擦到了船舷。所有人都嚇呆了。大概過了20分鐘，光輪才逐漸消失。當時美國作家查理斯·福特正好也在船

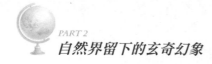

上，他親眼見證了這個現象，並收錄到自己的書裡。在此後一個多世紀的時間裡，人們做了種種推論和假設去解釋這類奇怪的現象。

有人認為，兩組海浪相互干擾時，會使海洋浮游生物產生某種運動，而有些海洋浮游生物是可以發光的，進而會導致海水泛起美麗的光芒，並形成旋轉的光圈；還有人認為，航船的桅杆、吊索、電纜等的結合可能會產生旋轉的光圈；還有人猜測，這種現象是由於球型閃電的電擊而引起的，還有可能是其他物理現象造成的。

雖然人們做出多種假設，但似乎都存在一些疑點。起碼上述任何一種猜測，都不能解釋為何這些海上光輪出現在海平面之上的空中，而不是在海水表面。

這種現象的形成原理還沒有得到破解，海上光輪卻仍然不斷出現在海航者的視野中。

1909年6月深夜，在麻六甲海峽，一艘丹麥汽船正在航行。突然，前方不遠處與海面相接的天空中突然出現了一個圓型光輪，在空中旋轉著。船長賓坦被嚇得目瞪口呆，隨即命令減速前進，就在汽船漸漸靠近光輪的時候，它突然消失不見了。

荷蘭「瓦倫廷」號輪船在中國海域航行時，也遭遇了一個與「麻六甲光輪」類似的光輪。不同的是，這

個光輪的出現使船員們產生了一種不舒服的感覺。海洋
這個奇妙的世界，自古以來就流傳著許多神祕的故事。
雖然人們不斷向海洋進軍，試圖去解釋一些神奇的現
象，但總有一些謎團難以破解。變幻莫測的「海上光
輪」就是其中之一。

海火帶來的災難信號

　　1975年9月，中國江蘇省近海地區發生了一次地震。在地震發生之前，附近朗家沙一帶海面上曾經出現過神奇的「海火」。

　　海火是一種會隨著波浪起伏跳躍的亮光，像燃燒的火焰一樣，它在海面上整整翻騰了一個晚上，直到天亮才逐漸消失。

　　第2天、第3天……海火持續出現，直到第7天，海面上湧出了很多泡沫，水中甚至出現了珍珠般閃閃發光的顆粒。幾小時以後，地震就發生了。

　　大約一年後，這種海水發光的現象出現在了中國河北的唐山市，也就是震驚世界的唐山大地震發生之前。7月27日晚上，也就是大地震發生的前一天，秦皇島、北戴河一帶的海面上出現了這種「海火」。

　　從上面的事件中不難看出，海火常常出現在地震或海嘯前後。

　　那麼，海火是怎樣產生的呢？為了回答這個問題，科學家們進行了深入的研究和實驗，最後，觀點主要統一為2種：岩石爆裂發光和生物發光。

持前種觀點的主要是美國學者，他們對圓柱形的花崗岩、大理岩、玄武岩等多種岩石試樣進行破裂試驗。

結果發現，如果壓力足夠大，這些試樣便會爆炸性地碎裂，並在爆裂的瞬間釋放出一股電子流，進而激發周圍的氣體分子發出微弱的光亮。如果這些岩石發生碎裂的環境是水中，那一瞬間產生的電子流也會使水面發出亮光。

也就是說，當地震發生時，大量的岩石爆裂可能造成海火現象。

然而，反對者提出，海嘯並不像地震一樣能夠造成大量岩石爆裂，如果按照上述觀點，海嘯時就不應有海火的出現。

所以，他們更願意相信這些光亮來自水中的生物。他們列舉出了自己的證據：拉丁美洲大巴哈馬島的「火湖」裡有大量甲藻，當水面因船漿擺動而受到震盪時，這些受到刺激的甲藻就會發光。所以，海火的出現可能就是因為水裡會發光的生物受到地震或海嘯來臨之前的擾動而發光所致。一些甲殼類、多毛類的水生動物，以及許多細菌和放射性蟲、水螅、水母、鞭毛蟲，都會在受到刺激的時候發光。

當然，這種觀點也沒有得到最終的證實，因為還

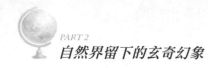

有一些研究者持有異議。他們提出，這些發光生物並不會因為狂風大浪擾動了海水而受刺激發光。所以，這種解釋也依然存在疑點。還有人將這兩種觀點統一，認為海火的出現可能存在不同的成因。

　　以上兩種觀點都有可能成立，生物發光和岩石爆裂發光，只是這種奇妙的自然景觀形成的兩種可能機制而已。

會「報時」的怪石

　　在澳洲中部阿利斯西南的茫茫沙漠中，有一塊怪異的石頭：早晨，太陽升起時，陽光照射在石頭表面，它呈棕色；中午，烈日當空，沙漠中的溫度急劇增高，這塊石頭呈灰藍色；傍晚，太陽漸漸落山，它又變成了紅色。每天，這塊怪石都遵循著固定的規律，透過改變顏色的方式來告訴人們時間的流逝。

　　從發現這塊石頭開始，當地居民就把它看成「標準時鐘」，根據它一日3次的顏色變化來安排日常生活，甚至安排農事。

　　「報時」奇石表面上看起來沒有什麼特別的地方，高348米，周長約8000米，密度比較大，僅露在地面上的部分就可能有幾億噸重。

　　但它為何會具有「報時」的功能呢？這究竟是源於怪石所處的氣候條件、地理環境，還是與怪石的結構成分有關？

　　對怪石的研究持續了多年。近期，古學家和地質學家才對這種奇怪的現象做出了比較合理的解釋：沙漠地區晝夜溫差很大，白天溫度極高，而天空終日無雲，

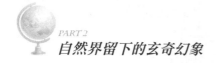
空氣稀薄。這塊怪石所處的地方十分平坦，怪石表面又非常光滑，像是一面鏡子。在這種情況下，當陽光均勻地照射在怪石表面時，怪石就會反射太陽光，這樣一來，從清晨到傍晚天空中顏色的變化能相應呈現在怪石上，而怪石也就擁有了神奇的「報時」功能。

其實，這塊石頭除了會隨太陽光強度不同而改變顏色之外，還會隨著太陽光照射角度的變化而變換形象：有時候它像鯊魚的背鰭，有時候像一艘半浮在海面上的潛艇；還有時像一位穿著青衣、斜臥在床上的巨人……

對這種現象，科學家們也給出了解釋：在不同的氣候條件下，太陽光活動產生反射、折射的數量及角度是不同的，當這些被巨石「處理」過的光線反映到人的眼睛中時，就會形成不同的視覺效果，看上去就好像巨石的形狀發生了變化一樣。

雖然科學家的解釋還不能令所有人信服，但可以肯定的是，這是一種正常的自然奇觀，是一個完全可以依靠科學破解的謎團。

會飛的石頭

　　傳說，中國唐代大詩人王維（701～761年）曾經
為歧王畫過一幅畫，畫上的高山巨石形象逼真、崢嶸偉
岸，於是題為《山石》。一天晚上，風雨大作，第二天
王維起床之後，竟發現畫中的一塊巨石不見了，而這張
畫上從此原本巨石所在的位置就成了一片空白。

　　若干年後，高麗王突遣使者來訪，說他們那兒的
一座山上飛來了一塊巨石，石上赫然有王維的印跡。高
麗王懷疑這塊石頭是大唐聖物，所以派遣使者前來奉
還。人們大驚失色，此時王維已經逝去，人們只能到歧
王府中一探究竟。幸好歧王的後人還保存著這幅畫，兩
相對比，使者帶來的巨石形狀果真與《山石》畫上的空
白處完全吻合！

　　這是中國古代一則巨石移位的神話故事。現代社
會中，中國廣西陽朔城關鄉雙淮村前的灘江畔，真得飛
來一塊重達兩噸、形如海馬的巨石。

　　跟傳說中所說的一樣，奇石飛來的前一天下午，
一場特大的暴風雨「光臨」了雙淮村。一時間天昏地
暗，雷電交加。風雨過後，人們在灘江江畔發現了這塊

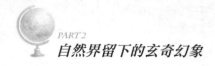
神奇的巨石，眾人紛紛猜測大概就是在下雨之時，大風
把這塊巨石送來的。

此外，中國的黃山有塊奇石，被稱作「飛來石」；
杭州靈隱寺前有座山，被叫作「飛來峰」。這「飛來」
二字似乎在無聲地解説著諸種神祕的現象。

石頭真得會飛嗎？它從何處飛來，如何飛來，人
們不得而知。但總有一天，巨石騰空而起，變化移位的
真正原因會揭示在世人面前。

冰雪世界裡的熱水湖

　　南極是世界上最寒冷的地方之一，這裡終年冰雪茫茫，95％的大陸被冰層覆蓋，冰層厚度達到2000米，平均氣溫低達零下幾十度。

　　然而，就是在這片素有「白色大陸」之稱的地方，卻有一個叫做范達湖的熱水湖。

　　這個湖泊最早是由美國人發現的。當時，美國航太衛星在大西洋南部南極洲沿海的威德爾海發現了這個人類從未見過的巨大的「湖」。冬季的大部分時間它都會出現，但有時又忽隱忽現，透過衛星圖像很容易忽略它的存在。

　　1960年，日本學者鳥居鐵也透過測量資料，對范達湖的水溫和所含物質進行了詳細的分析。他發現，范達湖表面薄冰層下的水溫為0℃左右。

　　但是，隨著深度的增加，水溫會不斷地增高。到15～16米深處，水溫升至7.7℃左右。到了40米以下，水溫升高的幅度會漸漸縮小。

　　但是，在50米處，水溫升高的幅度又突然加劇。至68.8米的湖底，水溫竟高達25℃，與中國東海的夏季

表面水溫相差無幾。在寒冷的南極大陸竟然有這樣的熱水湖，不得不令人感到驚訝。

南極大陸冰層的年平均溫度一般在－25℃左右，而范達湖的最高溫度達到了25℃，這將近50℃的溫差究竟是怎樣形成的呢？這個深陷在莽莽冰原之中的熱水湖，留給極地考察科學家們一串串難解的謎團。

由於很難對這種現象作出合理的解釋，所以有些人認為這是由於觀測錯誤造成的，又或者是某種偶然的因素使然。

為了駁斥這種偶然論和觀測錯誤論，科學家們又進行了多次測試，結果依然證明這個熱水湖確實存在，而且其溫度變化規律和鳥居鐵也的觀點吻合。

既然事實已經確定，那麼重要的問題就在於對其進行解釋。為此，紐西蘭、美國、日本和英國等國的南極考察隊紛紛加入了研究隊伍中，他們從不同角度予以說明，彼此爭論不休。最後，地熱活動說和太陽輻射說成為最受關注的兩種觀點。

支持地熱活動說的專家認為，南極大陸上有很多火山，其中不乏目前仍在噴發的活火山。

火山噴發時，地底岩漿活動比較劇烈，岩漿也會不斷上湧，受地熱影響，湖水的溫度就會出現上冷下熱的現象。

　　范達湖距羅斯海只有50公里，而默爾本火山和埃里伯斯活火山就在羅斯海附近，這是兩座活火山，所以很可能就是它們直接影響了范達湖的水溫變化。

　　這種解釋似乎是最容易被人們接受的。但是，國際南極鑽探計畫實施後，人們瞭解到范達湖所在的地區中並沒有地熱活動，這就徹底否定了地熱活動說。如此一來，太陽輻射說便得到了更多人的支持。

　　太陽輻射說也曾經引起很大的爭議。最初，持這種觀點的人認為，南極地區夏季日照時間長，湖面接受的太陽輻射能多，湖面水溫會升高。

　　但由於冬季結冰，湖面水的鹽度增高，密度就會變大。因此，即使夏季水溫升高，由於表面水的密度仍維持較大的數值，導致溫暖的表面水下沉，所以湖底的水溫反而會變高。

　　可是，反對者卻指出，南極夏季天氣終日陰沉，即使日照時間長，能夠到達地面的太陽輻射仍然很有限，況且冰面會反射太陽的輻射能，反射幅度甚至可以達到90％以上，到達地面的輻射能就更少了，不可能使表面水溫升得很高。

　　況且，暖水下沉後，必然使整個水層的水溫升高，而不可能僅使底層的水溫增高。這樣一來，太陽輻射說便很難成立。

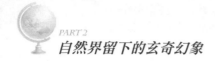

　　為了進一步論證太陽輻射說的合理性，美國學者威爾遜和日本學者鳥居鐵也進行了更深入的研究，提出了新的論點。

　　他們認為，按照反對者的觀點，地面接收到的太陽輻射能確實少得可憐。但是，具有一定透明度的冰層對太陽光有一定的透射率，所以湖面以下的冰層也能或多或少地得到一定的太陽輻射的能量。

　　范達湖所處地區風很大，冬天大風肆虐的時候，積雪都會被風吹走，岩石便裸露出來，使得夏季地面吸熱增多，氣候較為溫暖。長年累月，表層及以下的冰層的溫度便有所上升，最後甚至會漸漸融化。

　　由於湖底水的鹽度比較高、密度較大，所以底層水不會升至表層，結果，就使高溫的特性保留了下來。

　　同時，表層冬季有失熱現象，底層則依靠其上水層的保護，失熱微小，因而底層水溫特高。近年來，范達湖底層水溫呈現緩慢升高的趨勢，而科學家們也發現遠遠多出海水的氯化鈣之類的鹽類溶液，能有效地蓄積太陽熱，這些新發現都為太陽輻射說提供了有利的依據。

　　儘管太陽輻射說的支持者似乎提出了充分的理論和事實依據，但持地熱說者仍然不能信服。

　　他們提出了很多疑問，比如十幾米厚的冰層究竟

能透過多少陽光？而這些有限的陽光又如何能使冰層融化並使水溫升達如此高的程度？更何況如果太陽輻射説成立，那麼南極大陸上應該會有很多像范達湖一樣的熱水湖，但事實卻並非如此。

　　質疑者仍然堅持著自己的觀點，他們認為南極鑽探計畫雖然提出在范達湖附近並沒有地熱活動的報告，但實際上這可能是因為鑽孔數量有限，深度也不夠，導致該地區的地熱活動尚未被發現而已。

千年石棺湧現「神奇藥水」

　　法國比利牛斯山脈附近有一座小村莊。村裡的警官加貝斯的妻子得了感冒，一直未癒。一天中午，他們的兒子帶回來一瓶水，跟媽媽說是從阿爾‧修‧提休石老教堂求來的神奇之水。加貝斯的妻子喝了這些水之後，身體竟奇蹟般的痊癒了。

　　這件事情發生在1000多年前，神奇之水來自法國南部阿爾‧修‧提休石老教堂內停放了的一具奇特的「清泉」石棺。石棺每年滴出的水量多達700升，但沒有人知道石棺裡的水來自何處。

　　村民發現這座石棺滲水大約是在西元960年。一開始，人們發現從石棺中滴出來的水，即使放進沒有蓋子的容器也不會蒸發，長期裝在密封的瓶子裡也不會發臭變濁。

　　後來，他們又發現這奇蹟之水對治療濕疹、慢性胃病及肝病頗有神效，甚至連村裡的內科醫生安德魯‧歐利爾也承認，奇蹟之水具有令人不可思議的藥效。

　　從這之後，村民們長年在這裡汲取奇蹟之水治病。但石棺裡的水究竟是從哪裡來的，沒有人能夠說清楚。

　　傳說，石棺的主人是兩位修道士，分別叫做阿普頓和歇諾。當年，兩人的遺骨被埋葬在這裡的時候，教民們別出心裁地在棺蓋上安了一根銅管。

　　誰也沒有想到，數年之後的某一天，突然有清水從棺內向外滴出，開始有人認為可能是由於濕氣所致，但時間久了，人們發現滴水一直不斷，年復一年，晝夜不息。

　　難道水是教堂裡的神職人員放進石棺裡的？研究者們派人日夜看護，但除了求水治病的居民和前來參觀的遊客和研究人員外，很少有人接近這座神奇的「清泉」石棺。莫非是雨水滴落到石棺裡？

　　為了證明這個猜想，1971年，研究者曾連續兩週用塑膠布包裹石棺，阻絕雨水及其他外來水源。但是，水仍然一滴一滴的掉落下來，並沒有因此而間斷。

　　還有人認為，奇蹟之水是地下水流入石棺所致。於是，兩位法國工程師將石棺墊高，期望找到地下水的源頭，仍然沒有任何發現，泉水一如既往地長流不息。人們還將整個石棺懸吊在半空中，經過幾天仔細的調查，沒有發現任何暗藏的溝、管或是夾板之類設施。

　　會是由於濕氣滲入了石棺中嗎？這個猜想很快就別人們否決了，因為這座教堂所處的比利牛斯山脈是法國最乾燥的地區之一，更何況每年七百餘升的水量也實

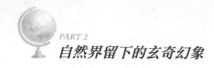

在太多了！為了揭開這個謎團，教堂準備了1000枚金幣，作為對揭祕者的獎賞。但至今，依然沒有人將這1000枚金幣領走。

　　1970年，英國《泰晤士報》也懸賞數萬英鎊，鼓勵人們探訪揭祕，慕名而來的學者和專家絡繹不絕，但都無功而返。

「黏」船的海水

在航海史上，曾經屢次發生海水像膠水一樣「黏」住航行船隻的事故。當船隻進入到「死水」區之後，會陷入一種幾乎靜止的狀態，漁船的漁網可能會被擰成一團，船舵會失靈，船隻甚至會因迷航而葬身大海。

這到底是怎麼回事呢？一般來說，在不同的地方，海水的密度是有差異的。

在海岸附近或者江河入海口處，水流的鹽度和密度顯著降低，形成「沖淡水」。如果「沖淡水」下面的海水密度大、鹽度高，那麼在兩者之間就會形成「密度樓中樓」。

這種「密度樓中樓」有的就像一條線一樣，上下海水的密度迥然有異；還有的可能厚達幾米，它會把海水分成兩種水團，一旦風、海流的摩擦力或者月亮、太陽的引潮力等外力作用在兩團海水的相鄰介面上，就會形成波浪。由於波浪發生在海面以下，人們透過肉眼很難觀測到，所以又被稱為「內波」。內波正是黏住船隻的罪魁禍首。

1893年，挪威著名探險家南森的「弗雷姆」號就

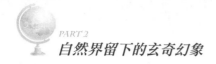

曾經在大海上遇到了被海水「黏」住的怪事。

當時南森帶領船員駕駛「弗雷姆」號從奧斯陸港出發前往北極，此行的目的，是為了證實北冰洋裡有一條向西的海流，經過北極再流到格陵蘭島的東岸。但是，當船隻行駛到泰梅爾半島沿岸時，「弗雷姆」號卻突然走不動，好像被海水「黏」住了一樣。

船員們驚慌失措，以為遇到海怪。但南森憑藉多年的探險經驗，沉著地觀察著周圍的環境：海面上沒有一絲風浪，船隻離岸很遠，不可能是擱淺，也沒有觸礁。難道遇到傳說中的「死水」了？這個發現甚至讓南森有幾分激動，他開始認真測量並記錄一些相關的資料，包括船隻的航向、航速、海面的景象、附近的海水深度、密度等等。

當南森認真地整理觀測結果時，海上刮起了大風，「弗雷姆」號的船帆鼓了起來，並開始緩緩移動。船員們歡呼雀躍，慶祝著自己的死裡逃生。

三年之後，南森終於結束了這次探險，他不僅弄清了北冰洋中心區的冰層和極地冷水下面，確實有大西洋流來的一條海流，還總結了浮冰的規律。但是回到挪威的南森，依然牽掛著自己親歷的「死水」之謎，於是他與海洋學家埃克曼一起研究。

在研究過程中，南森根據當時的觀測記錄發現，

當船被困住時，附近的海水有些奇怪：靠近海面是一層不深的淡水，下面才是鹹鹹的海水，也就是說海水是分層的。當然，「弗雷姆」號遇到的情況不同於海岸附近的「沖淡水」現象，而是因為夏季的到來，使寒冷地區海上浮冰發生了融化，含鹽低的水層會浮動到高鹽高密度的海水之上，進而形成了「密度樓中樓」。

　　一旦船隻進入這個區域，船隻的吃水深度又正好等於上層水的厚度，螺旋槳的攪動就會在「密度樓中樓」上產生內波，內波的運動方向同船航行方向相反。如果船的航速比較低，巨大的內波阻力就會迫使船隻減速，甚至停下來。這時候，船員們就會感覺到船隻像是被海水黏住或者被海上的某種神祕力量吸引了一樣，寸步難行。

　　如今，航海技術發展迅速，艦船速度大大超過可能產生的內波的速度，所以，海水「黏」船的現象已經成為了歷史，幾乎不可能再發生了。

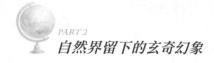

美麗可怕的殺人湖

喀麥隆素有「中部非洲糧倉」之稱，在這個國家的西部，有著蔥綠的山巒疊嶂和懸崖峭壁，還有幾十個高原湖泊，這裡的風景美得驚世駭俗。

但是，在這美麗的表像背後，卻潛伏著恐怖的致命「殺手」——尼爾斯湖，它還有一個令人談虎色變的綽號——殺人湖。

1986年，尼爾斯湖附近發生了一起震驚世界的特大慘案。一夜之間，至少有1200多人離奇死亡，還有人統計說最後的死亡數字達到了1800人。

事後，喀麥隆政府和世界各國的科研機構組織了大量科學家深入到尼爾斯湖地區。

「這是科學家們調查過的最令人迷惑的災難之一，湖水沒有氾濫竟然就奪取了上千人的性命！」美國密西根大學生態科學家喬治‧柯靈這樣説道。

在這場災難中僥倖逃生的倖存者説，事發之前，天空佈滿了陰霾，所有人都認為可能有一場暴風雨即將來臨。

於是，尼爾斯湖附近的村民們都早早進入了睡夢

之中。就在半夜，一股強風吹過，有人聞到了陣陣惡臭，那味道就像腐爛的臭雞蛋一樣，還有人聞到了火藥的味道。

一些人就這樣因窒息而死亡，還有一些人驚醒之後非常恐懼，他們想要逃離這裡，出門之後卻只看見一團白色的迷霧，於是就在一片熱烘烘的感覺中迅速地失去了知覺。

還有些距離尼爾斯湖很近的村民，看到一股巨大的氣柱從湖中升起，然後開始彌漫散開，轉眼間就吞沒了視野以內的所有民房。

在部分倖存者的身上，科學家們發現他們身體表面出現了燒傷和水泡的傷痕。他們帶著種種疑問進行實地調查，終於揭開了「殺人湖」的神祕面紗。

實際上，尼爾斯湖是一個火山湖，多年以來，湖底深部的熔岩中不斷向外釋放著二氧化碳，這些氣體漸漸溶入湖底深層的湖水中，密度不斷增大，但由於湖水的巨大壓力，這些氣體不會上升到湖面。平靜的尼爾斯湖湖面就像是一個神奇的蓋子，將這種可能致命的可怕氣體籠罩在下面。

災難發生之前，湖底地殼深處可能發生了地震；或者尼爾斯附近出現了走山，大量岩石湧入湖中破壞了湖水的平衡結構；颶風和暴雨的襲擊也可能是導致氣體

噴湧而出的原因；還有一種可能，便是湖水各層間溫度發生了驟變。

不論是上述哪一種原因，總之，尼爾斯湖受到了強烈的「刺激」，於是，湖水中聚積多年的氣體像「囚禁在瓶中的魔鬼」一樣被釋放了出來，其成分以二氧化碳和一氧化碳為主，這些有毒氣體快速向周圍擴散，包圍了附近的村莊，並釀成了慘劇。

在正常情況下，二氧化碳可能並沒有什麼威力，但是過量的二氧化碳卻足以導致窒息，這便是很多人在睡眠中喪命的原因。那麼，倖存者身上的燒傷和水泡又怎麼解釋呢？

參與調查的英國醫生彼得・巴斯特經過仔細調查發現，這些燒傷與一般的燒傷有明顯區別，更像是潰瘍。

在後來的研究中，他終於找到了合理的解釋：尼爾斯湖釋放出氣體中含有一定的一氧化碳，這種氣體能讓人昏迷，昏迷的人們因不能翻身，皮膚中的體液循環減少，氧氣供應不足，最終就會出現水泡性潰瘍反應。

另外，這些毒氣本來是無色無味的，而村民們聞到的臭雞蛋味和火藥味，很可能是窒息之時產生的幻覺。

尼爾斯湖殺人之謎雖然真相大白，但是這些發現也令喀麥隆政府非常不安，因為這些發現意味著，如果

尼爾斯湖中的有毒氣體累積到一定程度，在某種外力刺激下，它隨時都可能會再次「發威」，即使將尼爾斯湖畔的居民全部遷移，也並不一定能完全杜絕慘劇。

所以，如何從根本上制伏這美麗而殘忍的殺人湖，可能需要全世界科學家的共同探討。

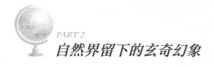

能起死回生的「聖泉」

傳説1858年，聖母瑪利亞突然降臨。瑪利亞告訴一個名叫瑪莉・伯納・索畢拉斯的女孩，在她玩耍的岩洞後面有一注清泉，湧出的泉水能治百病，瑪莉正要到泉水旁邊洗手洗臉，瑪利亞便消失了。這傳説中的清泉，位於法國比利牛斯山脈中一個叫勞狄斯的小鎮上。

1963年，一名叫維托利奧・密查利的義大利青年長途跋涉，來到勞狄斯尋訪神祕的「聖泉」。

當時，密查利身患絕症，醫生預言他最多只能再活一年。當時，癌細胞已經破壞了他左髖骨部位的骨頭和肌肉。在Ｘ光透視下，醫生可以看到在他的左腿與盆骨相連處，幾乎看不到一點骨頭成分，僅靠一些軟組織維持。

為了繼續自己生命，密查利在母親和護理人員的陪伴下，拖著左側從腰部至腳趾被打上厚厚石膏的身體，從義大利出發，經過16個小時的跋涉來到了勞狄斯。

到達小鎮之後的第二天，密查利便到聖泉沐浴。在護理人員的幫助下，他脱去衣服，光著身子進入冰冷

的泉水中，打著石膏的部位無法浸入水中，只能用泉水進行沖淋。就這樣，他在聖泉裡泡了幾乎一整天。

奇蹟從那天晚上就開始了。那天回到賓館之後，密查利就對母親說他覺得很餓，想要吃東西。其實很長一段時間以來，由於疾病的折磨，密查利已經因沒有什麼食欲而很少主動進食了。母親聽了非常高興，為他準備了豐盛的晚餐，密查利那天的胃口之好是數月來所未有過的。

回到義大利之後，密查利依舊長時間臥床休息。但某一天，他突然很想站起來走一走，在家人的幫助下，他艱難地從病榻上爬了起來，並開始在屋內行走，雖然走得有些踉蹌，竟能拖著那條打著石膏的左腿從屋子的一頭走到另一頭了。

此後一段時間內，他持續每天在屋子裡來回走動，並且飲食也逐漸恢復了正常。到了年底，癌症帶來的疼痛感竟然全部消失了。

從法國歸來的第九個月，醫生們為密查利除去了左腿上的石膏，並進行了仔細地檢查。Ｘ光透視結果令醫生們大吃一驚：片子上清晰顯示，那完全損壞的骨盆組織和骨頭竟然出人意料地再生了。

兩個月之後，密查利完全康復，不久之後還重新開始工作。這一病例，現代醫學無法解釋，而密查利自

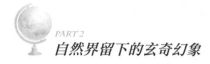

己卻常常説，這都歸功於「聖泉」的神奇療效。

　　這聖泉每年吸引著大約430萬人去勞狄斯，其中不少人身患疾病、甚至病入膏肓。

　　但是這些已被現代醫學宣判「死刑」的病人，卻在這眼泉水中得到了救治，他們有的人病情得到了減輕，有的回家後不久便神奇地痊癒了。在短短的100年中，為醫學界所承認的這樣的醫療奇蹟多達64例。

　　雖然現代醫學仍然無法解釋泉水「起死回生」的祕密所在。但是100多年以來，勞狄斯的清泉不停地流淌，以神奇的治病功效吸引了世界各地成千上萬的人，並成為了聞名全球的神祕「聖泉」。

「水火相容」的鋼管井

2009年3月，位於中國四川省成都市新興鎮的蒲新路彭州段路邊，一群人把一口鏽跡斑斑毫不起眼的鋼管井圍的水洩不通。這口鋼管井高出地面大約一米，通體黑色，底部鏽跡斑斑。

圍觀的人都是附近君山村的村民，他們來到這裡竟然是為了烤火！村民們層層地圍著，其中一位大哥把打火機湊近井口，輕輕一點，井口便「哧」的一聲竄起一束火焰，大約有半米多高，經久不滅，站在距離鋼管井二米外，都能感覺到陣陣熱氣。

更令人稱奇的是，當人們圍著這口井烤火的時候，鋼管上半部分探出的一根小管還在不斷地噴出冰涼的地下水。沒有人知道這口能烤火取暖、同時還會不停冒水的井是怎麼形成的。

住在「鋼管井」附近的村民說，這口井還很有「個性」，它從來都不會全天只是冒火或者冒水，水火必須同時出現。每當天氣發生變化，井裡有水冒出的時候，就有氣體冒出。

這時只要用火種靠近井口，氣體就會燃燒起來。

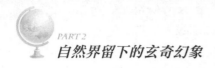

而小井口不再噴出地下水時，火焰就會慢慢熄滅。

　　有人說這口鋼管井是6、7年前一個地質隊在這裡勘探時留下的，大約有4、500米深。當時地質勘探人員說，鋼管井裡噴出的可燃氣體是天然氣，出氣量很小，不會有爆炸危險。但是水火為什麼能夠和平共處，至今仍是一個謎。

「行走」在水面上的水珠

如果一滴水珠掉進了湖中，它會很快地溶於水中。但是，在一些特殊的情況下，水珠不僅不會溶於水中，甚至還會在水上到處「遊走」。

這種水珠在水上漂動的情景並不少見，但是直到最近，法國巴黎第11和第7大學的科學家才揭示出了其中的奧祕。

科學家們説，當水珠接觸到水面時，一些空氣沒能及時「跑掉」，這樣在水珠與水之間就會形成一個空氣層。所以，此時的水珠並沒有附著在水面，而是停留在了空氣上。

由於水珠品質的存在，它會輕輕地向下沉並不斷壓迫空氣層，當水珠快要接觸到水面時，就有可能產生一種振動波，進而在附近水面產生微小的同心波。

在水面的振動作用下，水珠會在小波浪間滑來滑去，這樣的運動最終使小水珠逐漸在水上「遊走」。如果兩個「遊走」的小水珠相遇了，可能會出現兩種情況：第一種是水珠相遇之後會各自開始新的運動方向，分道揚鑣；第二種情況是兩顆水珠被各自的振動波捕

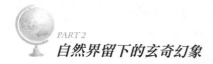

捉，其中一個會圍繞另一個開始轉動。

　　這兩顆水珠就像兩個相遇的彈球，他們之間呈現
的現象叫做限定狀態下的相互作用。

熱水竟然比冷水先結冰

　　把一杯冷水和一杯熱水同時間放進冰箱裡，哪杯水會先結成冰快？很明顯，大多數人會選擇冷水先結冰，但事實是否果真如此呢？

　　1963年的一天，坦桑尼亞一名中學生的偶然發現證實在某些情況下，熱水會比冷水先結冰。這一實驗徹底打破了人們的慣性思維，這種現象以這個學生的名字命名為「姆佩巴效應」（Mpemba Effect）。

　　當時，老師要求學生們自己動手做一些冰品。艾拉斯托‧姆佩巴想做霜淇淋。他擔心等到自己的熱牛奶變涼之後，別的同學可能已經把冰箱佔滿了，於是他在熱牛奶裡加了糖後就直接放進了冰箱。當他打開冰箱時，其他同學用冷水做的霜淇淋還沒有結冰，而自己的那杯熱牛奶卻已經變成了霜淇淋。姆佩巴感到很奇怪，他左思右想也找不到答案，於是去請教奧斯博爾內博士，他是達累薩拉姆大學的物理學教授。

　　雖然奧斯博爾內教授相信姆佩巴的描述是真實的，但這種有悖「常理」的事情依然讓他感到困惑。

　　按照常理來講，如果把一杯20℃和一杯50℃的水

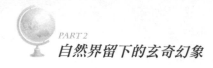
同時放入冰箱，假設20℃的水凝結成冰需要10分鐘，那麼，50℃的水必須先耗用一段時間降到20℃，然後再在10分鐘之後結成冰。

冷水和熱水結冰的某一個階段是重合的，所以熱水結冰應該比較慢才對。這種假設似乎沒有什麼不合理的地方，那麼，為什麼會出現熱水先結冰的狀況呢？

帶著疑問，奧斯博爾內教授按照姆佩巴的敘述又進行了同樣的實驗，結果與姆佩巴的描述完全吻合：在低溫環境中，熱水比冷水先結成了冰。奧斯博爾內的實驗迅速引起了其他科學家的關注，這種現象逐漸被人們所熟知。至於這種現象產生的原因，影響因素可能包括以下4種：

一、對流

在實驗中，科學家們發現了熱頂現象和水的對流。所謂「熱頂」，就是指水的表面比水底部熱一些，這是由於在冷卻的過程中，水會形成對流和不均勻的溫度分佈。如果溫度上升，水的密度就會下降，較熱的水就會聚集在表面。如果水失熱主要在表面進行，那麼，「熱頂」的水失熱會比溫度均勻的快。所以當熱水冷卻到冷水的初溫時，它會出現熱頂，因此與平均溫度相同，但與溫度均勻的水相比，它的冷卻速率會較快。

二、蒸發

熱水逐漸冷卻的過程中，會由於蒸發而失去一部
分水。水量就會減少，進而導致水較容易冷卻和結冰。
所以，熱水就可能較冷水早結冰，不過整體的水量卻會
較少。這個解釋存在一定的合理性，似乎能夠揭開「姆
佩巴效應」的奧祕，但是，當實驗在一個封閉的容器內
進行時，水蒸氣不可能離開，而熱水依然先結成了冰。
所以很明顯，蒸發的確是很重要的一個因素，但並不是
唯一的原因。

三、溶解

與冷水相比，熱水中的溶解氣體比較少。因為在
加熱甚至沸騰的過程中，大量氣體都會從水中逃脫。水
的性質因為溶解氣體而發生改變，或許會更容易形成對
流（因此較易冷卻）；或許沸點會發生改變；或許單位
品質的水結冰所需的熱量會減少。這種解釋得到了一些
實驗結果的支持，但目前還沒有實際理論資料的支撐。

四、周圍的環境

兩杯水放在形狀一樣的杯子裡，有著相同的體
積，除了溫度不同，似乎一切都沒有差別。其實，人們
往往忽略了一點：它們周圍的環境可能因水溫的差異發
生了變化。例如，如果這杯水放在了一層霜上面，霜的
導熱性能很差。熱水可能會把這層霜熔化，為自己創造
了一個較好的冷卻系統。

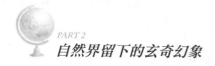
　　所以，那杯熱水可能就是以這種複雜的方式，改變了它周圍的環境，進而影響到冷卻過程。雖然科學界已經肯定了姆佩巴效應的存在，但並不是在任何的初始溫度、容器形狀和冷卻條件下，都可看到這種情況。

　　比如一杯99.9℃的熱水和一杯0.01℃的冷水，自然是後者先結冰。

　　至今，姆佩巴效應仍然是個謎，以上的各種推測可能都產生了影響，但都有破綻，仍不能完整全面地解開其中的謎團。

PART 3

世界各地的
地域奇景

THE CRAZY
BIZARRE WORLD

神奇的旋轉島

　　西印度群島中有一個面積不大的無人小島，島上分佈著一片一片的沼澤地，看起來沒有任何的稀奇之處，實際上這個小島非常特別，足以用神奇來形容，因為這座島可以像地球一樣自傳，旋轉一周是24小時，從不停息，而且從沒出現過反轉的現象，也不會出現任何異象。這個旋轉的神奇小島是在1964年被發現的，當時一艘命名為參捷號的貨船途經此地，船長看到這個小島有著茂盛的植被，還隨處可見泥潭沼澤，便率領船員登上小島，想找找看有沒有什麼奇花異草，珍禽異獸之類的寶貝。

　　小島很小，人們巡視了一番後，沒有找到自己想要的東西，船長便打算帶領船員離開這個地方，在臨上船前，船長在一棵樹上刻下了自己的名字，還有他的船名和他登上這個島的時間。

　　回到船上，準備啟航時，一個船員忽然大叫起來：「這不是我們剛才下船的地方嗎，為什麼拋下錨的船會自己移動呢？」在這名船員的提醒下，船長和其他成員也驚訝的發現的確如此，這裡不是他們下船的地

方，距離最初停船的地方差著幾十米。

　　他們檢查了所有設備，但一無所獲，鐵錨十分牢
固的勾著海底，不像是人為做出來的事情，那麼唯一的
可能就是島自己在移動了。這個發現讓他們震驚，繼續
的觀察更讓船長和船員們吃驚，這個小島在快速的旋
轉，很快，船長就發現，自己剛才刻字的樹木離自己越
來越遠了。

　　這個意外的發現使得這個無名小島一下變得舉世
矚目，人們對於小島還會自傳的現象百思不得其解，於
是有人親自登上小島觀察，結論便是這個小島真的在自
己運轉，而且速度之快，可以讓在島上的人親身感受
到。

　　這樣一個孤島，為何會自己旋轉呢？有人解釋說
這座島其實是一座冰山，它漂浮在海面上，隨著海浪的
漲落而運轉，但這種推測很快被推翻，因為漂浮在海面
上的冰山還有很多，那些冰山卻不能自己旋轉，而且
這個島如此有規律的旋轉，像地球一樣每24小時轉一
周，這點實在讓人費解。

　　時至今日，對於旋轉島，人們還是無法解釋。

促人長高的島

　　個頭矮小的人總希望借助後天的力量讓自己長的更高一些，但絕大多數的嘗試都失敗了，可在加勒比海東部的西印度群島中，有一個神奇的小島，可以實現矮人們長高的願望，這個島叫做馬提尼克島。

　　這島上的居民個子都很高大，很少有個頭矮的人，所以，一些旅客來到這，希望自己能長高一些。果然，在這裡待上一段時間，真的能長高幾釐米，就算是停止骨骼發育的中老年人也會長高。

　　所以說這個島真是矮個子人的福音島。這裡吸引世界上許許多多希望長高的人，這個島也因此聞名天下，還被人們稱為「能使人長高的島」。

　　但是，為什麼這個島能起到這種藥物也無法達到的功效呢？根據地質科學家的研究考察得出結論，這個島上的岩石中有一種能使人們頭部的腦垂體機能發生變化的放射性物質。

　　但這種物質的放射性並不強大，不會對人體造成傷害，只會促進人體的新陳代謝發生變化，也就是促使人們長高。

大西洋的墳場塞布林島

　　加拿大哈利法克斯東南約110海裡的海面上，有個叫塞布林島的海島，這個海島有個不吉利的別稱，叫做大西洋的墳場。因為近幾百年來，在這個島周圍，遇難艦船多達數百艘，有近萬人在這裡葬身海底。船員們一提起塞布林島，總是「談島色變」，認為這座海島上住著魔鬼，是死亡的居所。

　　但為什麼這個島會讓那麼多船遇難呢，是否它也和百慕達一樣，有著難解的奧妙，這一直是個謎，直到近年來經過科學家經過反復調查，終於揭開了謎底，原來這個島的沙灘會吞噬艦船，魔鬼就藏在這裡。

　　塞布林島高出海面最高點34米，島的西端4海哩處，有個鹹水的鳥奧拉耳湖，深只有5～4米，海浪不時越過沙灘進入湖中。很難被海上的航船發現，只有在天氣好的日子裡，人們站在甲板上才能看到遠方天際線上那條狹長的沙條。

　　一些漁民說，那條沙線就像變色龍一樣，會隨著海洋顏色的變化而發生相應變化。所以，一些航船才會分不清楚，進入險區，偏偏這座島位於世界上最活躍最

繁忙的航線上，它的這種地理結構，令這裡成為了大西洋最危險的海路之一。

不僅如此，塞布林島海域還常彌漫著層層濃霧，看著就讓人心生敬畏，每年9月至10月，大風幾乎不息，從年底到來年3月，這裡又是風雨交加，巨浪滔天，風暴一吹就可能讓船隻失去方向，這可能也是艦船遇難的重要原因。

美國科學家貝爾曾到塞布林島考察，他就曾親眼見到在大霧彌漫中，一艘貨船陷入淺灘，漸漸下沉，成了大西洋墳場的犧牲品。貝爾本以為輪船下陷的地方離海島距離很近，船員一定會游上岸去，但他在那裡觀察了十幾天，卻沒有見到任何生還者。

此外，的環境十分惡劣，植被很少，很難找到樹木和灌木叢，只有低矮的沙土中長點野草。但塞布林島最大的危險，還是淺灘那些變化無常的鋸齒形流沙，它成了危險的海洋沼澤地，無情的將那些船舶吞噬掉，不論多大的船，也逃脫不了可怕的命運，不過兩個月就會被淺灘區消化得無影無蹤。

科學家們說，塞布林島的濃霧、風暴和流沙，是三條魔鬼絞索，把數百艘艦船毀滅在這個島上。

如今的塞布林島卻是大變樣了，島上設立了水文氣象中心，無線電臺和燈塔，救生站人員經過專業培

訓，有高速救生艇和直升機。夜裡的時候，島上的兩座現代化燈塔就會閃爍不停，指引艦船航行。在風浪濃霧不大時，燈塔之光在16海哩之外就可見到。

而海島上也種植了樹木也野草，還養了馬匹，令這座島變得美麗了許多。這樣的措施，令塞布林島的危險性減少，安全性也增加了，最近幾年遇難船明顯減少。

但這並不能表示大西洋墳場的稱號就可以摘除了，因為大西洋送給它的那三條魔鬼絞索還存在，所以，它的惡名還是不能完全摘除。

「有去無回」的小島

在肯雅魯道夫湖的附近,有一個荒廢的小島,只有幾公里長和寬,荒蕪人煙,據當地人説這個島之前住過人,他們依靠捕魚、打獵,以及與島外居民交換特產為生。但不知道為什麼,島民在一夜之間全都莫名其妙失蹤了。此後,這個島便被認為是受到了詛咒,凡是登上這個島的人都無法再返回。

因此,這個島被命名為「Envaitenet」,在當地的土著人語言中意思便是「有去無回」。

1935年,英國探險家衛維恩・福斯決定帶著一隊探險人員來到小島勘察,在此之前,他的同事馬丁・謝弗裡斯和比爾・戴森先提前動向前往這神祕小島了。

但去了之後一直都沒有消息,5天之後,福斯派出救援隊,救援隊不僅沒有找到任何關於馬丁和比爾的痕跡,他們也像之前去的人一樣憑空消失了。在小島上,探險隊發現有人生活的痕跡,屋子裡的物件擺放有致,還有烤魚放在熄滅的火上,但就是找不到人。後來福斯還出動飛機對小島進行勘查,卻是毫無線索。島上居民都哪裡去了呢?這真是一個令人難解的謎題。

通古斯大爆炸

　　1908年6月30日早上7點17分，一場大爆炸在俄羅斯帝國西伯利亞森林的通古斯河畔發生。

　　爆炸發生的那一霎那，巨大的蘑菇雲騰空而起，氣溫在瞬間升高，爆炸波及的範圍十分廣，不但周圍的草木被燒焦，就連70公里以外的人也被高溫熱氣灼傷，還有人被巨大的爆炸聲震聾了耳朵。

　　這次爆炸破壞力相當於10～15百萬噸TNT炸藥，且讓超過2150平方公里內的6000萬棵樹倒下，影響力甚至還波及了周邊的國家，許多歐洲國家都看到了巨大的閃光，英國倫敦出現了大面積的停電。

　　後來，人們將這次巨大的爆炸稱為「通古斯大爆炸」，爆炸原因一直不詳。

　　1921年時，蘇維埃政權派了物理學家庫利克率領考察隊前往通古斯地區考察。考察的結果是一次隕石造成的，但是他們卻沒有找到合理的證據來證明這個說法。

　　因為缺乏證據，「隕石說」站不住腳。此後，庫利克又兩次率隊前往通古斯考察，並進行了空中勘測，

發現爆炸所造成的破壞面積達20000多平方公里。

　　同時他們還發現許多奇怪的現象，在爆炸的中心，樹木除了樹葉被燒焦，並無其他大礙，反而生長的速度越是加快，年輪寬度由0.4～2毫米增加到5毫米以上；還有爆炸地區的馴鹿居然得了一種怪異的皮膚病等等……種種奇怪的現象讓人們無法解釋這次爆炸的原因和造成的後果。

　　1945年12月，前蘇聯物理學家卡薩耶夫訪問日本時，看到廣島被原子彈摧殘的廢墟，他忽然聯想起了通古斯，兩者顯然有著眾多的相似之處：在爆炸中心的樹木直立沒倒下；爆炸中人畜死亡，是核輻射燒傷造成的；還有蘑菇雲的形狀也是相同的。

　　因此卡薩耶夫產生了一個大膽的想法，他認為通古斯大爆炸是一次外星人駕駛的核動力太空船，在降落時因為故障而引發的一次核爆炸。他推測這一艘飛船來到地球是為了取得貝爾加湖的淡水，還指出通古斯地區馴鹿所得的皮膚病與美國1945年在新墨西哥進行核測驗後，當地牛群因受到輻射引起的皮膚病十分近似，還有那些生長過快的樹木，都和美國在太平洋島嶼進行核子試驗後的情況相同。

　　而堅持「隕石說」的人則認為自己看法是正確的，他們互相爭執，誰也說服不了誰。

　　到了1973年，美國的一些科學家又提出了新意見，認為爆炸是宇宙黑洞造成的。他們認為某個小型黑洞運行在冰島和紐芬蘭之間的太平洋上空時，引發了這場爆炸。

　　但同樣的，關於細節，他們也無法提出更多，所以到現在為止，這場大爆炸還是一個謎團。

讓人害怕的「卡什庫拉」山洞

　　西伯利亞有一個神祕的洞穴，1985年的時候，這個洞穴內發生了一件奇事，西伯利亞醫學研究所的巴庫林帶著一批洞穴專家來此考察，經過幾小時工作後，眾人依次向洞口走去，最後一個是巴庫林。

　　他胸部戴著專用防護，防護帶上牢牢地繫著繩子，正準備往上攀登。忽然他感覺到了一雙專注的目光投射在他的身上，然後他就感到一陣全身發熱，第一個念頭便是逃跑，但他的腿就好像被定在了原地，無法動彈。

　　因為害怕，巴庫林不敢看身後的事情，但很快地，他便感到自己似乎是在被人催眠，一股神祕的力量讓他轉過頭，在距離5米的地方，他看到一位中年薩滿（即巫師），帶著皮帽子，眼神很犀利。

　　這個巫師示意巴庫林向前走，巴庫林便無意識地向深處走了幾步。

　　但突然之間，他又好像擺脫了魔法似地可以自由動彈了，這時，他便拼命拉起那根和上面同伴聯繫的繩子，也發出請求緊急救援的信號。

　　後來過了很久，提起這件事情，他還是心有餘悸。這個故事在1992年9月號上刊登在了《奧妙》雜誌上，名為《西伯利亞的神祕洞穴》，這片文章頓時引起了專家對這個洞穴的興趣。

　　巴庫林在卡什庫拉洞穴裡的遭遇非常不可思議，而且根據文章的記載，那個山洞十分陰冷黑暗，是哈凱西裡、庫茲泛茨河阿拉陶山支脈一個不大的陷坑，根本沒有人類的生存條件，怎麼會出現一個中年的薩滿呢？

　　但遇到薩滿的並不只有巴庫林一個人，根據新西伯利亞洞探測俱樂部的一些年輕人的講述，在一間地下大廳裡，他們也曾和一個黑色的軀體相遇，但那個黑影隨後便躲閃進了暗處，想來，應該是一個人。

　　後來，凡是考察過西伯利亞卡什庫拉克洞穴的人都經歷了一些令人震驚的事故，諸如當他們走到山洞的某一個地點時，他們會無緣無故地感到驚慌失措，繼而扔下裝備，不顧一切地衝向洞口，直到看到光亮為止。

　　但他們清醒後，卻又無法解釋自己為何會驚慌，他們不知道這是人在黑暗下產生的幻覺，還是自己真的看到了不可思議的事物？洞穴專家們對此越來越感興趣，因為他們無法解釋洞穴對人類身體的魔法般的作用是如何產生的；也不知道那個洞穴通向何方，是否是另一個世界的入口。

　　《西伯利亞的神祕洞穴》一文的作者巴諾夫斯基教授為了進一步研究卡什庫拉克洞穴的祕密，近年曾和其他學者一起親自進洞考察。

　　進入洞穴後，教授和工作人員小心翼翼地前行著，洞裡溫度很低，四周還有水滴的聲音不斷地迴響著，洞裡的路就好像是結了冰的斜坡，總讓人覺得有股力量拉著自己向下滑。教授一行在前行過程中發現了路面上出現了一條大裂縫，深約70米，要繞過這條裂縫，必須經過一段狹窄的斜坡。

　　經過斜坡的時候，因為過於狹窄，他們只能四肢撐在地上，雙手摸索前進，到了洞穴深處寬敞些的地方，他們開闢了一個專用的洞穴試驗室，在一塊岩石上，安置著一台磁力儀，儀器刻度盤上、數位閃爍著，探險隊的學者們在那進行試驗，測量、觀察著人的心理變化。

　　他們發現，儀器刻度盤上的數字在不停地變化。這顯示，洞穴的電磁場是經常擺動的。在眾多的信號中，有一個嚴格固定的脈衝出現。

　　經過一系列試驗，教授終於弄清楚了，它來自洞穴深處。巴諾夫斯基教授一開始以為是岩石的地球物理特性決定的。但是在研究了信號的記錄後，得出了結論：在卡什庫拉克記錄到的信號和任何自然現象無關，

具有這種振幅變化的頻率脈衝只能是人工裝置發出的。

　　而後的進一步研究更是驚人，記錄到脈衝信號的時間和人們出現神經過敏，感到壓抑以及驚慌失措並跑向光亮地方的時間，精確地保持著一致，越往洞穴深處這種情況越明顯。

　　這種時刻在洞口的蝙蝠、鴿子也會出現騷動，出現在洞內亂飛的情況。這也就可以解釋為什麼有人進入洞穴內會覺得驚慌失措了。

　　為了研究這種現象，他們將一些軟體動物帶入地下進行試驗，當信號一出現，軟體動物就蠕動起來。他們雖然發現了這種信號，卻無法找到信號的來源。

　　這種人工裝置到底在哪裡，是在山洞的某個黑暗角落裡，還是在山洞外，或者是在遙遠的外星球，而這個山洞只是在特定的物理條件下具有接收的功能，或者說是儲存的功能而已，這一切都不得而知。

　　對於這一切，人們只能進行猜測，這種信號會干擾人的記憶，因為記憶不單單屬於人，各種物體也都有記憶，它們的記憶可稱之為「無機記憶」，這種記憶可以被看作是人類精神前史中的最初級的形式。

　　所以，物體在特定條件下也能把外部得到的資訊複述出來。

不可思議的洞穴

　　地球上最著名的無底洞在希臘亞各斯古城的海濱，這個深不可測的洞穴靠近大海，每當海水漲潮時，洶湧的海水就會迅速地湧進洞裡，並發出巨大響聲。據說，每天大概都會有30000多噸的海水流進這個無底洞裡，長年累月，無底洞卻一直沒有被灌滿。

　　如果這個無底洞類似於石灰岩地區的漏斗、豎井、落水洞之類的地形，那麼，它就應該存在一個出口。人們在亞各斯古城海濱尋找多年，包括把一種經久不變的深色染料放在海水中，把一種會浮在水面的淺玫瑰色塑膠粒子注入洞裡，以希望能夠在附近的海域發現這些痕跡，但多年過去，他們依然沒有找到它的出口。

　　除了這個無底洞，世界上還存在很多神奇的洞穴，每一個都令人感到不可思議。

一、Bingham canyon mine

　　賓漢姆峽谷銅礦位於美國猶他州的奧克爾山脈，它是目前為止全世界上最大的人工洞穴，從1863年至今還在持續挖掘當中。

這座銅礦位於山脈當中，呈現出層巒疊嶂的迂迴型紋路，令人歎為觀止，雖然目前它仍在挖掘中，但人們確信終有一天它所蘊含的有用物質會被人類開採完畢。它像是一個巨大的無底洞，沿著其中的礦路似乎可以走到「無底洞」的盡頭。所以，很多人認為被開採盡的那一天，這裡可能會成為一個「無底洞」的觀光點。

二、Glory hole

這個被稱為「榮耀之洞」的坑洞位於美國加州的蒙地賽羅水壩。它像一面內凹的鏡子，映照著平靜河面以及兩岸的美麗的風景。當蒙地賽羅水壩到達滿水位時，這個洞被用來宣洩水量，每秒鐘注入洞中的水量可以達到14400立方英尺。

三、Sink hole

2007年，位於中美洲北部的瓜地馬拉共和國突然出現了嚴重的地面坍方，十幾間的房屋瞬間落入一個300英尺深的污水池洞，進而形成了這個臭名昭著的污水坑。這個危險的大洞吞掉了12間房子，造成3人喪生，多人受傷。

有人說，污水坑形成的原因是由於大量的水（通常是雨水或污水）被泥土大量的吸收之後，地面因此塌

陷下去；還有人說，這件事故應該引起人們對自己行為的反思，因為它可能是環境問題產生的後遺症。

四、Mirny diamond mine

這個世界上最大的鑽石礦位於西伯利亞，礦坑深度超過525米，直徑超越1200米，在它的周圍，一輛龐大的巨型卡車也會顯得格外渺小。這個礦坑非常深，呈漩渦狀，裡面埋藏著大量的鑽石。但是，這筆誘惑極大的財富卻更像是一個「陷阱」，曾經有一些直升機被吸入洞中杳無蹤跡，所以這個鑽石礦坑附近至今仍有一些禁航區。

五、Kimberley big hole

這座位於南非的鑽石礦中曾經出產了3噸的鑽石，形成了一個1097米深的大礦坑。1914年，這座鑽石礦因為被挖掘殆盡而關門大吉。如今，這座綠樹環繞的礦中已經不可能看到鑽石的蹤影，但其中是否還會有其他祕密，就要依靠感興趣的人們自行去開發了。

六、Great blue hole

距離貝里斯本島約96.5公里的外海上，有一個被稱作「Blue hole」的地理奇蹟。它的寬度約為402米

寬，中央深度達到145米，有著接近完美圓形的外觀。
藍洞中似乎隱藏著的無數祕密，自然而然的藍洞便成了
著名的旅遊景點。同時，它還吸引著世界上無數潛水愛
好者去探尋海洋的故事。

　　這些神奇的洞穴像一張張驚訝的嘴，在地面上無
聲地宣佈著祕密的存在，危險的潛伏，深不可測但又引
人深思。

萬年不化的冰洞

中國山西省寧武縣管涔山有一個神奇的山洞，裡面的冰萬年不化，引起了各路學者的關注。關於山洞裡的冰為何不消融，專家給出了兩種說法，一是這個山洞形成於約300萬年前的冰河時期，大量的冰在冰川移動的過程中被推進洞中，形成了原生冰，雖然後來冰河世紀結束了，但這裡的冰卻不會融化。

第二種說法是由於地殼層在某種特殊情況下，會產生地熱負異常現象，越往地層深處溫度越低，很可能在這個山洞下方存在一個永凍層，像冰箱製冷機制一樣不斷地補充冷能，使洞裡的冰萬年不化。

然而這些推測雖然有道理，卻不能完全解釋山洞的冰不融化的原因。

經過研究科學家們得知這個山洞的成分為碳酸鈣，而山陽的煤層被地質運動抬升到地表，由此可以看出，這裡曾發生過玄武岩岩基侵入碳酸鈣地層的事故，這次事故不但使得煤層被拱上來，還在山體中形成了一堵堅硬的間隔石板牆，使山陰和山陽之間的熱交換受到很大的阻攔。

這樣一來，山陽雖然不斷發生煤的自燃現象，卻不會影響到山陰的一面。而洞裡的冰不融化還應該有一個最重要的自我調節機制，才能解釋是什麼力量使得山洞結出第一塊冰，這塊母冰怎樣調節機制，令之後的冰從不融化。

追溯過去，大約在一億多年前，山西地區還處在比現在更南的緯度，地勢遠較今天要低。而那時的寧武地區是一片低窪濕地，雨水充沛，氣候溫暖，植物豐茂，之後死亡的植物被大量堆積地下，形成煤層。後來地質變動，這裡又成為了碳酸鈣地貌。

大約在幾千萬年前，受到玄武岩基入侵，地質運動反復抬升，又把寧武地區拱上來。

地下水開始侵蝕溶洞，便形成了這個特殊的山洞，由於山洞底低口高，外部熱空氣很難進入洞內與之進行熱交換，因為山洞裡沒有熱能補充，洞裡的溫度便越來越低，而隨著地殼的運動，山洞逐漸被抬升到了一千米以上，受到外部氣候的影響，山洞的氣溫就更低。

這時地下暖水和從碳酸鈣節裡中滲出的水遇到冰凍的岩石立即凝固成小水滴，隨著碳酸鈣一起長成石柱、石花、石幔、石筍等各種形狀。熱量在幾百年中一直消失，得不到補充，最後洞裡的溫度降到冰點，也因

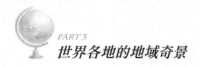

此形成了難以融化的冰。

　　這個緩慢的過程長達數十萬年，屬於低溫環境下由蒸騰作用產生失溫的地下奇觀。從外觀來看，除了它奇特的構造，使得它的熱易於失去卻難於補充之外，寧武山洞的情況與其他的石灰岩溶洞並沒有什麼兩樣。這個山洞就是一個普通的石灰岩溶洞，每天不斷滲出水和碳酸鈣不斷生長，形成各種各樣的景色。

　　這種溫帶地區低海拔地帶，居然能形成萬年不化的冰洞，可以説是罕見，也可以説是偶然，或者説這是一次歷史開的玩笑。

冬暖夏涼的怪山

中國的安陽林州市有兩座奇怪的山，一座叫做太極山，一座叫冰冰背山。之所以奇怪，是因為山上的山洞在炎熱夏季裡不熱反而結出大塊的冰柱、冰淩，揭開冰塊後會落下雞蛋大小的冰雹；冬天寒冷季節則往外冒熱氣。

如此違反自然規律，這座山到底隱藏了什麼樣的祕密？太極山位於中國境內林州市石板岩鄉桃花谷村，原先並不叫做太極山，因為冬熱夏冷，一直被村民們稱為陰陽山。

陰陽山的獨特景觀吸引不少的遊客，夏日暴雨後，整座山霧氣蒸騰，十分壯觀，而緊鄰的山脈，卻沒有一絲霧氣；在風輕雲淡的時候，動物也不敢上到山上，因為很容易被凍僵，山上居然還生長著只有在東北和俄羅斯等寒冷地帶生長的白樺樹和漆樹。

相隔不遠的韓家窪村在桃花谷村北10公里的冰冰背山，和太極山有著一樣的景觀，冰冰背山一到炎熱的夏天，山上的山洞口就會凝結大塊的冰塊。村民不理解這種現象，對這兩座山一直保持敬畏。

　　而一位專家研究後認為，冰冰背山的製冷機制是因為地殼深部的高密度氣體上升，到地表密度降低後吸熱進而導致製冷。這符合電冰箱原理，冰冰背地區其實就是個天然巨大的製冷源。

　　製冷的先決條件是：太平洋板塊西移，擠壓華北板塊，在太行山東側形成俯衝帶，南段為湯陰地塹，西側隆起帶為太行山，現在湯陰地帶仍在繼續下降，而太行山在不斷升高，這說明造山運動一直在進行，太行山低下一定有著巨大的擠壓力，迫使地殼深處的氣體壓縮上升。

　　然後就是冰冰背山處於郭家莊斷裂帶上，而郭家莊斷裂帶向西進入下古生界地層後隱伏，這樣容易儲存上升的氣體；而由於地殼的運動，使古生界地層厚脆性石英岩形成張性斷裂，形成導氣條件；冰冰背山正好位於葉岩與石英岩交界處附近，是地殼深處高壓氣體沿斷裂上升的出氣點。

　　這樣就具備了良好的儲氣條件和導氣條件。最後便是氣壓了。夏天因為熱，氣壓低，地下上升氣流快，所以製冷也就快，其他季節的製冷作用就慢。

　　這只是解釋了這兩座山為何夏天冷冬天熱，卻無法解釋這兩座山的成因，為了弄清楚它們的成因，有的科學家從以下幾點進行了分析：

一、天氣原因

從大氣候上來看，當地山區只有冰冰背山和太極山兩處小範圍內有這種現象，無法從區域面積上的大氣候條件來解釋；從小氣候上看，每個冰洞影響範圍只有幾平方米，只能算是氣候異常，無法從區域氣候角度來解釋。這基本排除了氣候的因素。

二、地表因素

也許是受到淺表岩石或土壤的影響，因為岩石有吸熱放熱的功能，不同的岩石吸熱放熱功能不同。冰冰背山上的岩石和土壤吸熱放熱功能正常。這也排除了地表因素。既然天氣和地表的因素都沒有，那就只有地下的原因了，在岩石和地面下通常會有一個保溫層，在保溫層以下，無法進行熱交換，溫度也不會變化，而在保溫層內，則不斷進行熱交換，溫度可以隨著季節變化而不斷變化。

這也可以說是一個熱量自我循環的空間，這兩座山的成因，應該和地下保溫層的冷熱交替、自我循環有關。地下蘊藏有較大的冰塊，並且這塊冰是在某一個較冷的冰期或冰期與類冰期之間的時段形成，由於冰川作用，這塊冰滑落谷底沒有融化，被保存在一個封閉的環境中到現今。

在夏天熱的時候地表熱空氣透過冰洞大量進入保

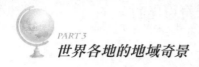

温層，冰塊開始融化，導致保温層温度降低形成冷氣，穿過洞隙上升到洞口結冰；冬季則因為冷空氣進入，夏季被融化的冰水開始結冰釋放熱量，所以在洞口就能感覺到熱氣。

　　這樣的解釋可以說的通，但是否是這兩座山真正的謎底，卻沒有一個確鑿的定論，也許，真正的謎底一直隱藏在地下，還需要後人的探查。

奇怪的雙層湖

努沃克湖，在北美洲阿拉斯加北部，這個湖的上部兩米多深的淡水層，因為受到北極冷空氣的侵襲，常年結著厚厚的冰層。但這個湖有個奇怪的特性便是湖裡的湖水分為兩層：上層是淡水；下層是略帶苦澀的鹹水。

這聽起來不可思議，但卻是真實的事情，當地的愛斯基摩人一直都清楚這個祕密。

這個伸入北冰洋很遠的巴羅沃海角上的湖泊，是不流動的。正常情況下，湖水都是流動的，但在努沃克湖裡，淡水層與鹹水層之間，存在一層很明顯的界線。有人認為這個湖是由海灣形成，冬天積雪在春天融化成雪水流入湖裡，形成上層的淡水，而在風暴刮過的時候，常常讓大洋中的海水通過圍堤掀入湖中。

因海水比重大，於是下沉成為下層的鹹水。同時，在努沃克湖的兩層水中，生存著截然不同的生物。

淡水區的動植物與阿拉斯加其他地區的江河中的完全一樣。但在下層，則生長著與北冰洋相同的海洋動植物。

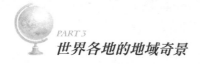

「斯托肯立石圈」

　　威爾特郡平原上有一些高高豎起的石頭，一根接一根地排列成殘缺的圓形，大石柱頂上三三兩兩橫架著巨大的石板，圍成的這個圓形直徑達70多米，看起來十分神祕，被人們稱之為「斯托肯立石圈」。

　　這些大石柱群具有多種建築的特點：一個兩層的立石群、幾組馬蹄型的巨石建築以及與單件立石或石蓋不一樣的「三支石」（兩塊立石支撐起一塊過梁石），有幾件重達3、40噸以上的巨石就這樣懸置在半空中。

　　每一年夏至的時候，這裡會出現一種迷人的景色，凌晨時分，太陽升起時，與一條又一條的石柱倒影融為一體，形成一種迷人的綺麗景色。而當朝陽普照或夕陽西下時，紅霞染紅天邊，大石柱群這裡又好像披上了一身絢麗的彩霞，顯得更加巍峨神祕。

　　隨著季節、早晚、晴雨的不同，大石柱群的景色多姿多彩，就好像錦繡的畫卷，吸引了許多遊人參觀，但這些神祕的大石柱群是什麼時候建造的？

　　許多學者對這個問題無法達成統一的觀點，中世紀時的一些歷史著作認為它們是太古時代的巨人建造

的，這讓本就神祕的大石柱群更顯得神祕萬分，許多人將大石柱群説的神乎其神，更讓人們無法看透。

後來的一些考古挖掘跡象卻顯示，這些大石柱群並非神話傳說的所謂巨人遺跡，而是原始人群的製品。近代的一些考古學家推測，它們大約是在距今約3700百年至3400年之間建成的。

考古學家維勒‧裡拜和他的同事們用碳－14測定法測定了年代資料，後來又使用了最新的地質年代測定法（即熱發光年代測定法），進一步予以證實了這些大石柱的年代。

這些石柱比古希臘克里特島上諾薩斯、費斯多斯和伯羅奔尼薩斯半島上邁錫尼、太林斯、派羅斯等地著名的石頭建築物還早，也比古埃及金字塔還要早。

這些大石柱群分別在3個時期所建成：第1階段是距今約4800～4400百年間，第2階段是距今約4100～4000年間，第3階段包括3個小階段，最後是在距今3100年前全部竣工。

大石柱群的石頭都不是原地的，而是從200公里之外的地方開採和搬運來的，一部分是來自瑪律博羅丘陵砂岩與威爾士丘陵的藍灰砂岩。

在4000多年前，那個生產力水準和科學技術水準極為低下的時代裡，既沒有火車，也沒有起重機這些高

級的工具，人們是如何將如此巨大的石材運輸這麼遠的距離，又如何矗立起來的呢？這讓人們百思不得其解。

　　有學者認為巨石陣是原始人狩獵的特殊裝置。由於巨石陣的全部建築時間都屬於新石器時代，所以，一些學者認為，當時人們為了獵取較大的野獸，例如猛瑪象、熊、河馬、犀牛等，又不想使自己受到傷害，便想了這種辦法。

　　根據專家復原後的大石柱群應該是這樣的：巨石柱圍著的是一個院子，在兩根石柱之間留有一個洞口，大小程度應該是可以通過較大的野獸，然後在每個洞口的上方，安置一塊用木棍支撐的數十公斤重的大石頭，利用一些誘餌，吸引野獸進來，當野獸從外面闖進來的時候，石頭便會砸下來，同時發出聲響。

　　這時，院子裡面，緊對洞口的地方還安放了第二道防線，是一塊巨大的「打擊石」。當野獸闖過第一道防線時，站立棚頂的人便牽動操縱繩，使打擊石砸下來，這樣野獸就無法逃脫了。

　　在院子的中央還建了一座二層的小樓，應該是由圓形的木頭和一些巨石柱圍建而成的，樓板鋪在巨石柱的上面。

　　為了便於監視大院及其周圍，從樓板到第一圈石柱有木橋相聯的。當野獸被殺死後，人們便把野獸拖上

二樓進行加工，剝皮、取出內臟、把肉分成小塊。然後再將大石柱群恢復原樣，等待下一次狩獵。

以上種種猜測和假說，究竟是真是假，很難判斷，所以，至今這些大石柱群仍是無法徹底揭開的一個謎。

瑪律他島的巨石建築

地中海上的瑪律他島，位於利比亞與西西里島之間。這個島嶼的面積很小，僅246平方公里。但就這樣一個小島上，卻發現30多處巨石神廟的遺址。

1902年，瑪律他島的首府瓦勒他發生了一件怪事，在這裡的一條小路上，有人蓋房時無意中發現了一個洞穴，經過考察人們才知道，原來這裡竟然埋藏著一座史前的建築物。

這座建築物線條清晰，稜角分明，甚至那些粗大的石架也很整齊，沒有發現用石頭鑲嵌補漏的地方。整個建築物由上下交錯、多層重疊的房間組成，裡面有一些進出洞口和奇妙的小房間，旁邊還有一些大小不等的壁孔。中央大廳聳立著直接由巨大的石料鑿成的大圓柱和小支柱，支撐著半圓形屋頂。

毫無裂縫的石板上聳立著巨大的獨石柱，整個建築共分3層，最深處達12米。

這樣神祕完美的史前建築物是誰建造的，在那個落後的石器時代，人們為什麼要建造這樣一座地下建築？這實在是不可思議的事情。

　　這個遺址發現11年後，在瑪律他島的塔爾申村人們又一次發現了巨大的石製建築。經過考古學家們挖掘和鑒定，認為這是一座石器時代的廟宇的廢墟，也是歐洲最大的石器時代遺址。

　　這座占地面積達80000平方米的廟宇，大約在5000多年前建造。同之前發現的地下建築相比，這個廟宇的佈局更為精巧，更為雄偉壯觀，許多個祭壇上都刻有精美的螺紋雕刻。

　　這座神廟有著一道宏偉的大門，應該是主門，通往廳堂的走廊錯綜複雜，就好像迷宮一樣。此後，在瑪律他島的哈加琴姆、穆那德利亞、哈爾薩夫裡尼等地，人們又陸續發現了一些類似的精心設計的龐大建築物，都是用巨石建造而成，屬於最複雜的石器時代遺跡。這些建築大多保存完整，其中最令人不可理解的是「蒙娜亞德拉」神廟，這座廟宇又被人們稱為「太陽神」廟。一個名叫保羅・麥克列夫的瑪律他繪圖員仔細地測量了這座神廟後發現，這座神廟實際上是一座相當精確的太陽鐘。

　　它根據太陽光線投射在神廟內的祭壇和石柱上的位置，然後可以準確地顯示夏至、冬至等主要節令。這樣偉大的智慧令人震驚，而更讓人震驚的是從太陽光線與祭壇的關係推測，這座神廟是西元前10205年建成

　的，離現在已經整整1.2萬年了。

　　這座神廟的存在，讓人們又一次陷入了迷茫之中，在1.2萬年以前，神廟的建造者們居然能有那麼高深的天文學和曆法知識，能夠周密地計算出太陽光線的位置，設計出那麼精確的太陽鐘和日曆柱，他們到底是怎麼做到的呢？現在許多證據已經顯示，這些巨石建築的建造者們在天文學、數學、曆法、建築學等方面都有極高的造詣。

　　石器時代的瑪律他島居民就真的已經擁有了這麼高的智慧了嗎？如果不是他們，那又該怎麼解釋呢？種種疑問無法解答，人類的力量有時候真的很渺小。

「比金字塔更神祕」的石柱群

在法國的布列塔尼半島上挖掘出的呈不規則排列的巨大石柱群，預示著世界考古史上最神奇的大發現就此誕生。這個石柱群被英國考古學家海丁翰教授稱為「比金字塔更神祕」的石柱群，無論從它們的重量、數量、高度和歷史的久遠程度來看，都足以取代英國梭斯百利平原上的石群，成為名副其實的世界巨石之最。

這些石柱間的距離不怎麼規則，高度也不太相同，最高的大約9米，散落在森林和沼澤之間，有12排。石面大都像史前石具一樣削磨得光滑潔亮。讓人感到有趣的是，這些石柱越向東則越變越小，直至完全消失。而在卡奈鎮的另一側還可見到另一組僅有7排的巨石。過了此鎮進入卡勒斯肯，又可以看到13排長360米的石柱群，在接下來約5公里的路程中，還會路過1471個石柱。這樣大規模的石柱群在18世紀以前的歷史中居然隻字未提，不由地讓這些石柱群增添了幾分神祕感。

既然無法從文獻中得到答案，人們便開始了種種猜測，有人說卡奈鎮守護神可內利在西元前56年，為

抵禦凱撒大帝的羅馬大兵入侵而親登鎮北山丘。

　　在獲得了神奇的神力後，將一個個追趕中的羅馬人封死在原地，變成今日的石柱。

　　也有人說，在19世紀的早期，人們崇拜蛇蠍之風開始盛行，這些石頭呈蛇蜒狀排列，就是為了配合當時的社會風氣。

　　還有人認為，羅馬人豎立石柱，是為了作為庇護帳篷的擋風牆。此外，當然還有所謂外星人藉以登陸的基地之說

　　石柱群之謎靠這些推測是無法解開的，但有一點可以肯定，這些石柱群早於西元前4650年便已經存在了，它們是新石器時代文化最偉大的泉源。

神祕的美利堅石像

　　美國北卡羅來納州山谷發現了神祕的石頭像，這個消息一經傳開，考古學家們紛紛為之震驚。因為這些石頭像，與遠離美國8045公里的南太平洋復活節島上的大型石雕像基本相同。

　　這種在整塊巨石上雕刻的雕像用的材料是鬆軟火山岩，這種材料在美國十分罕見。它意味著石像是在哥倫布1492年發現美洲新大陸前的一個世紀，就有人從復活節島移到美國。

　　理查‧克拉特博士率領的考古小組於1994年10月28日首先發現這些「神祕石像」。「這是考古學上一項驚人的發現！」他驚訝地說，兩地的石像如此相似，讓他不得不想到這是出自同一雕刻家之手。

　　而且這兩個地方的石像都是用火山岩——泉華為材料的，這種泉華雖然在復活節島很常見，但在美國卻是沒有的。所以人們才會得出有人把石頭像搬到美國的結論。但這樣巨大的石頭，是怎樣移到美國的，這是一個謎。

　　這些石頭像大小不一，小的高3.05米，大的卻高

達12.19米，足有50噸重。

克拉特博士及他的考古隊在離公路31公里處一個封閉的山谷裡發現了第一個石頭像，它面向北方。

隨後，考古隊又發現了另一個埋在土壤和石頭下的石頭像。後來在特殊的掃描器掃描下，考古隊一共發現了山谷裡埋藏著的23個石頭像，這些石頭像排列成半圓環形狀。感覺這種排列方式似乎與某種宗教有關，但人們又無從考證。

克拉特博士說：「復活節島上的石像排列成一種特殊隊形，而人們無法考證為何要把石像排成如此佇列。」

專家們紛紛猜測，波列尼西亞人和神祕的遠東人，在內的有關民族於1300年前發現復活節島，在島上立起石像，目的是為嚇唬入侵者和討上帝歡喜。所以，美國發現的石像，或許也是有著類似的原因。

納瑪托島的巨大石柱

　　密克羅尼西亞群島共有500多個島嶼，就像珍珠一樣，散落在蔚藍的南太平洋上。

　　其中一個最大的島嶼名叫波納佩島，面積約500平方公里。在波納佩島對面，有一個極小的小島，名叫納瑪托島。

　　1595年，葡萄牙海軍上尉——佩德羅·費爾南德斯·德·庫伊羅斯乘「聖耶羅尼默號」帆船來到這個小島，他驚訝的發現島上沒有人煙，卻有著無數巨型石柱整齊放在那裡，堆成了一座十多米高的石頭山。

　　如果島上沒有人，那這些石頭山是誰堆積的？如果島上有人居住過，他們又是如何建造的？

　　這個謎團吸引了不少地質學家和考古學家們來到這個島上進行了研究，發現這原來是一處遠古時代的建築廢墟。

　　這些石柱是加工過的玄武岩柱，由冷卻的火山熔岩凝成，每根重達數噸。

　　瑞士人——馮·丹尼肯清點了這些石柱，石山共由4328根石柱組成。

地上散亂的石柱，連同若干墓室和一道860米長的石校圍牆，算下來納瑪托島上的古建築廢墟共用了約40萬根石柱。

納馬托島本身並不產這種玄武岩，石柱是從波納佩島運來的，兩處距離雖不遠，但只有水路通航。

數量如此眾多的石柱是如何被運到島上？當時人們猜測，或許是當地一種叫做卡塔瑪蘭斯的獨木舟來運輸的。

但人們轉而計算了一下，如果一天運4根，一年才能運1460根。照這樣計算，波納佩的島民要工作296年，才能把40萬根石柱統統運到納瑪托島。

花費幾百年的時間運這些石柱到底是做什麼用呢？這個島上沒有什麼建築，除了數不完的石柱，再沒有其他建築物，到底是誰在這個島上建造這些建築，還是這些石柱另有來頭？

當地流傳一個關於這些石柱的傳說。傳說中波納佩土著人把納瑪托遺址叫作「聖鴿神廟」。

300年前，一隻鴿子駕船穿過水道來到這裡。在鴿子來到之前，島上的統治者是一條噴火的巨龍，牠吹一口氣就挖好了運河，石柱也是牠從鄰島運到這裡的。

但傳說畢竟不可靠，到底是誰建造了納瑪托島上的石柱建築？太平洋當地的島民慵懶、散漫而自足，這

樣的大工程，對他們來說實在是太困難了。

　　但如果不是他們，那麼還有誰呢？而且為什麼不
完成建築，中途又放棄了呢？這個難題實在難以解釋。

世界六大怪石

★會「走路」的巨石

前蘇聯普列謝耶湖東北處，有一塊能夠自行移動位置、直徑近1.5米、重達數噸的藍色石頭。這塊石頭在最近的300年多年來，已經數次變換過位置。

最初發現這件怪事應該是在17世紀，人們在阿列克賽山腳下，發現了這塊會「走路」的巨石，人們將它放於一個挖好的大坑裡，但幾十年以後，這塊石頭不知道什麼原因被移到了大坑邊上。後來1785年冬天，人們決定用這塊石頭建造一座新鐘樓，但在冰面上移動它的時候，卻不小心讓這塊石頭落入湖底。到了1840年，這塊巨大藍石竟躺在普列謝耶湖岸邊了。如今它又向南移動了數公里。

一塊石頭居然會自己移動，真是匪夷所思，科學家雖然長期的對此進行分析研究，也沒有找到原因。這塊石頭的祕密還沒有解決，人們又在美國內華達山脈東邊的一條山谷裡，發現了許多石頭會「走路」，並留下許多移動的痕跡。美國科學家夏普對這一奇特現象進行了觀察研究，他把25塊石頭按順序排列並逐個準確標

出位置，定期進行測量，果然發現這些石頭幾乎全部改變了原先的位置。有幾塊石頭竟然爬了幾段山坡，「行走」了長達64米的路程。這同樣無法用科學的方法解釋，因此也成為了世界奇觀。

★自行增減重量的怪石

中國貴州省惠水縣有一塊橢圓形石頭，可以自行增減重量2公斤左右。

根據石頭的主人介紹，這塊石頭一開始有22.5公斤重，但有天一秤，居然成了25公斤。後來主人每天對石頭稱重量，他換了許多桿秤反復校驗，發現此石最重時25公斤，最輕時22.5公斤，上下變化達2.5公斤。

研究人員在一次測定中記錄了當天11時13分、11時43分、12時28分這三個時刻圓石的重量分別為21.8公斤、22.8公斤、23.8公斤。在短短的75分鐘內，圓石的重量竟增加了2公斤。這種重量的變化是否與某種重力場有關係呢？

★自行升空的「聖石」

印度西部馬哈拉斯特拉邦的希沃布裡村子，有一座蘇菲派教徒聖人庫馬爾·阿利·達爾維奇的神廟。

神廟前方的空地上有兩塊「聖石」，大約各重90

公斤左右。人們之所以將其稱為「聖石」，是因為這兩塊石頭能隨人們的喊叫聲而自動離地騰空。人們用右手的食指放在「聖石」的底部，異口同聲且不停頓地喊著「庫馬爾‧阿利‧達爾維──奇──奇──奇」，且發「奇」字時的聲音盡可能拖得長一些，石頭就會從地上彈跳起來，上升懸浮在空中，直到人們喊聲落下，它才落在地面上。

石頭聽到喊聲居然會如塵埃般漂浮起來，人體的資訊（語言與動作）是如何在某種程度上抵消重力的效果的呢？或者是人們能改變這種石頭的重力？都不得而知，這真是難解之謎。

★毒石、哭石及紋圈石

日本櫪木縣那須鎮的山上，有一種石頭帶有劇毒，不論是昆蟲還是鳥類，一旦接觸到這種石頭，很快就會死亡，當地人把它叫做「殺生石」。

這種石頭多在火山口附近，由於被火山噴出的亞硫酸和硫化氫氣體浸熏，進而有了毒性，能殺死生物。有些寺廟認為它是神物，還搬去一些放於寺廟裡安置。

西班牙的比利牛斯山頂上有塊會「哭泣」的岩石，它發出的聲音就像女人低聲飲泣一樣，聽來十分傷感，但哭泣的時間很短暫，大概只有1、2分鐘，而且

這塊岩石只有在晴天的傍晚才會哭泣。

　　中美洲中部的卡隆芭拉，有一些卵形的石塊，被當地土著視為寶物，因為石頭上有神祕的紋圈。

　　這些石塊在下午時是平滑的，但經過一晚之後，石頭上就會出現一些神祕的紋圈。經太陽曬過以後，這些刻紋便自動在下午全部消失。

　　地質學家曾用儀器拍攝這些石塊夜間變化的過程，他們發現在午夜12點以後，好像有無數隱形的手在這些石塊上面刻出圖案。

　　至於為什麼會出現這種情況，他們找不到答案。

可怕的「殺人石」

　　非洲馬里境內有一座耶名山，1967年春天，這座山發生強烈地震。

　　地震後山的東麓出現忽隱忽現、飄忽不定的光暈，特別是到了雷雨天氣，光暈更為強烈，這引起了人們的好奇，紛紛猜測是什麼在發光。

　　有人認為這是土著酋長的珍寶藏於山洞中，地震時暴露了出來，也有人認為那是一種神奇的自然現象。總之眾說紛紜，各有各的看法。

　　為了找出真相，馬里政府派出以阿勃為隊長的8人探險隊，進入耶名山東麓進行實地考察。耶名山上森林密佈，林中各種飛禽走獸，應有盡有，但東麓卻鮮有走獸飛禽的蹤跡。探險隊一路上跋山涉水，終於接近了他們的目的地。

　　就在此時，天空忽然降下大雨，電閃雷鳴中，阿勃隊長再次看到了那令人驚訝的光暈，十分奪目。

　　光暈由紅色變為金黃色，最後變成碧藍色，在暴雨中顯得紫嫣紅。

　　雨停後，探險隊繼續往光暈的發光點走去，等他

們到達那地方時，卻意外地發現地上躺了許多死人，死相恐怖，身軀扭曲，口眼歪斜，看起來死前必定經受了很大的痛苦。

從屍體上看這些人應該死了很久了，但奇怪的是，屍體居然沒有腐爛。在非洲這樣炎熱的地方，簡直是不可能的奇蹟。

這些看起來像是尋寶的人，為何會無故死在這裡，令人費解。探險隊心存疑惑，繼續搜尋光暈的來源，忽然一個隊員發現在一條地縫裡冒出了五顏六色的光芒，於是，探險隊員們開始挖掘。在歷經一個多小時的挖掘工作後，他們終於從泥土中清理出一塊重約5000公斤的橢圓形巨石。半透明的巨石上半部透著藍色，下半部泛著金黃色光，通體呈嫣紅色。

就在探險隊員們猜測這石頭是什麼東西的時候，一個隊員忽然倒地呻吟，四肢抽搐，隨後不久，其他隊員也紛紛倒地。

阿勃忽然聯想到四周那些死因不明的屍體，不由得也渾身一顫，為了求助，他搖搖晃晃地下山尋找救援。但由於體力不支，還未到達山下，他已昏倒在路上，要不是路人及時將他送到醫院，估計他也性命難保。

搶救之後，他醒了過來並將事情的來龍去脈告訴

了醫生。

　　醫生將診斷的結果告訴了他：他是受到了強烈放射線的照射。與此同時，有關部門已經派人去山上搶救其他的7名隊員，但他們已經死亡多時了。而那塊殺人的石頭則因為滾落山崖底部，無法找到。這個「巨石殺人」就成了自然界又一個未解之謎。

會「笑」的石頭

中國重慶石柱縣新樂鄉九蟒村有一塊「怕癢」的石頭，位於九蟒村的龍洞坪。當地的村民認為這是一塊靈石，能給予人幫助和求助，因此每當有人生病或遇到不好的事情，就會去拜祭這塊石頭。

之所以視這塊石頭為靈石，其實源自於一個傳說，幾百年前，有個村民在田地裡工作，中間休息的時候，無意中將手指塞進了巨石裡一個拇指大小的坑洞裡撓了撓，結果巨石立刻晃動了起來。

這讓這個村民很吃驚，他立刻跑回村裡叫來其他的村民。村民們紛紛將手伸進坑裡，撓這塊巨石，巨石晃動得十分劇烈，甚至連周圍的大地都在顫動。村民們開始推巨石，想看看巨石底下有什麼東西。

但幾個壯漢使出了吃奶的力氣，也沒能推得巨石挪動一分一毫。後來村民便認為巨石底下藏著一條蛟龍，為表示敬意，村民逢年過節，都會去給巨石燒香燒紙。這個習俗延續了近百年，成了小村子裡的慣例。

後來，為了找出石頭怕癢的祕密，中國西南大學地理科學學院教授親自到村裡找到那塊巨石。經過觀察

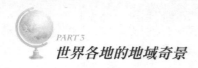
發現，這塊巨石是一塊大概4噸重的石灰石。而石頭之所以會在撓一撓之後動彈，另有原因，並非是神靈顯靈。這塊巨石呈燕尾形，露出地面約4立方米，在這塊巨石的下面，還有1塊露出地面的巨大石頭，2塊石頭的接連處大概1米寬，而且由於接觸面不平滑，形成了多個受力點，而那個小坑是最敏感的受力點，一動那個小坑，便能達到「四兩撥千斤」的作用。這才是石頭會動的真正原因。

產蛋的石崖

中國貴州省三都縣有一座登趕山，漫山的綠樹雜草中，在山腰處有一塊裸露的崖壁，大概長20多米，高6米，表面極不平整。這塊看似普通的崖壁其實並不普通，它每隔30年就會自動掉落出一些石蛋，當地人稱它為產蛋崖。

在崖壁上能看到一些石蛋有的快要與山體分離了，有的還只是剛剛冒出來。石崖居然會下蛋，這讓當地人十分驚異不已。登趕山附近的姑魯寨，雖然是三都縣典型的一個水族村寨，並保留了水族最原始的風貌和生活習俗，但還有一個水族沒有的習俗，就是各家各戶都以收集石蛋為榮。

姑魯寨雖只有20幾戶人家，卻已保留了68顆石蛋，村寨裡的人認為誰家擁有石蛋，誰家就會興旺發達，但到底這種石蛋是如何產生的，又到底能否有著保佑人們興旺的作用呢？2005年6月，中國貴州省地質礦產勘查開發局的總工程師在網上流覽新聞時，看到了產蛋崖上石蛋的照片做出了這樣的猜測，「在網上流覽了照片，發現從它（石蛋）的形態來看，它絕大部分都是

圓形的、橢圓形的，而且顏色有一些淡黃色的，就很像恐龍蛋。」隨後經過對岩石特性的充分測定和實驗，發現了其中的奧祕。這些石蛋形成的地質年代十分的久遠，大約有5億年的歷史，而且產蛋崖上的石壁是由一種泥岩構成。這兩種不同年代的成份是如何混在一起的？

　　隨著調查的深入得知，5億年前地球處於寒武紀，那時的貴州三都還是一片深海，當時有一些碳酸鈣分子游離於深海的軟泥中，在特定化學作用下它們漸漸凝聚在一起形成結核，經過上層沉積物的不斷壓實，軟泥和結核都變成了埋藏於深海地下的岩石，軟泥成了泥岩，而結核成了石蛋，經過億萬年的地質運動，最後暴露於地表。

　　從這樣的解釋來看，讓姑魯寨人視為神物的石蛋只是一些很普通的石頭而已。石蛋來源之謎雖然解開了，但仍然存在一個為什麼石蛋會每30年自動孕育而出的問題。這便要提到風化作用了。石蛋暴露於地表後，因為風化作用，岩石層層脫落，石蛋便也漸漸出來了，因為圍岩和石蛋風化速度大約相差30年，所以有了30年誕生石蛋的傳說。這才是貴州三都縣的產蛋崖千年石生蛋的真正祕密。

神奇的「水晶棺材」

琥珀又名血琥珀，血珀、紅琥珀、光珀，是第三紀松柏科植物的樹膠。在地質作用下被掩埋在地下，樹脂失去揮發成分並聚合，固化形成琥珀。因此，琥珀的形成過程非常漫長。

常見的琥珀顏色和裡面的包裹物都不一樣，類型很多，但多數是金黃色、褐紅色、紫色等，而包裹物的類型多為昆蟲、植物等類。其中，昆蟲類的琥珀化石是比較珍貴和稀少的，也就是人們常稱的「蟲珀」。

「蟲珀」是如何形成？以及琥珀裡的昆蟲是怎樣保留下來的呢？這就是一個複雜而殘忍的過程了。

黏稠的樹脂順著樹幹流淌下來時，正好滴落在樹幹上棲息的昆蟲身上，樹脂將昆蟲包裹，昆蟲無法掙脫黏稠的樹脂，只能一點一滴的完全被包裹在樹脂裡，就成為琥珀中的昆蟲。

然後經過了千萬年的地質變遷，樹木倒塌被埋藏底下，連同樹脂一起在黑暗的地下，而被包裹在樹脂中的昆蟲，也便隨同樹脂一同被埋藏，樹脂就彷彿昆蟲的棺材一樣。

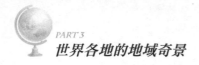
　　直到重新被挖出的那一刻，它們才重見天日，琥珀晶瑩剔透，而裡面的昆蟲依然栩栩如生，看起來，琥珀就像是昆蟲的「水晶棺」一樣。

鐘擺般遊移不定的羅布泊

20世紀，瑞典探險家斯文・赫定認為羅布泊是一個「遊移湖」，他經過實地考察後得出，羅布泊由北向南和由南向北的遊移週期為1500年。

赫定認為羅布泊之所以會移動，是因為進入湖中的河水挾帶有大量泥沙，沉積在湖盆裡，使得湖底抬高，令湖水往地勢低的地方移動。而過一段時間後，被泥沙抬高露出的湖底，又遭受風的吹蝕而降低，這時湖水又回到原來的湖盆中。就這樣，羅布泊像老式的大鐘鐘擺一樣，南北遊移不定。這個理論一推出，羅布泊的「遊移說」得到了許多人肯定。

但是在中國的科學家夏訓誠實地考察後，發現事情並不是那麼回事，羅布泊並沒有因為大面積的地面風蝕而發生明顯的湖體遊移，它的水體變化受控於入湖水系變遷，所以也就推翻了赫定的結論，羅布泊並不是「遊移湖」。科學家經過觀察發現，羅布泊屬於小窪地，它和南面的喀拉和順都是平原中局部陷落的地勢，而羅布泊更要低一些。

他們測出羅布泊最低處為778米，與其相鄰的喀拉

和順湖最低處為788米，兩者相差10米，水往低處流，所以不大可能發生羅布泊倒流喀拉和順的現象。而且還發現乾涸的湖底都是堅硬的鹽殼，用鐵錘都很難敲碎，所以風的吹蝕作用並不容易讓湖底重新降低。

而按照斯文·赫定的推測，1500年左右會形成10米以上的沉積物。但在湖底鑽探取樣測定年代的結果發現，湖底沉積物1.5米深處，是3600年前的沉積。而且沉積物中含有香蒲屬和莎草科植物花粉，不同層次中都有這些水生植物花粉的分佈。中國科學家認為，這說明近萬年來，羅布泊經常有水停積物。而且水流一般先進入喀拉和順，最後到達羅布泊。

喀拉和順湖並不是終點湖，因此得出結論說：「羅布泊是一個南北『遊移湖』的提法是不符合實際的，歷史時期內羅布泊水體沒有發生過倒流入喀拉和順湖的現象。」

為了更好的研究羅布泊，夏訓誠帶領科考隊在湖底實際測量了一條50公里的水平線，最大高差僅3.02米。可以看出羅布泊及周圍地區是寬淺窪地，高差很小。他說：「由於塔里木河和孔雀河下游水系經常變動改道，這會使終點湖羅布泊位置、大小、形狀發生較大的變化」。

後來，夏訓誠於1980年5月參加中國科學院沙漠考

察團訪問美國時，在華盛頓遙感專家艾爾・巴茲家做客，看到艾爾家中掛著一張羅布泊的衛星拍攝圖，極像人的耳朵輪廓，艾爾指著「耳輪」、「耳垂」和「耳孔」問夏訓誠，它們分別代表什麼。當時夏訓誠不能給出答案，但他跟艾爾說，「我以後會告訴你。」

多次研究後，夏訓誠終於找到「大耳朵」的答案，將「大耳朵」按位置套疊在地形標高的地形圖上，「大耳朵」的範圍剛好是羅布泊海拔780米等高線，量測面積為5350平方公里。

「『耳輪』是湖水退縮蒸發的痕跡；『耳孔』是伸入湖中的半島，將羅布泊分成東西兩湖；『耳垂』是喀拉和順湖注入羅布泊形成的三角洲。」夏訓誠和專案組的研究人員透過水準測量、光譜測定、分段採樣分析等綜合分析之後，進一步得出對羅布泊「大耳朵」的新認識：羅布泊「大耳朵」形態形成受原湖岸地形的控制，特別是受伸入湖中半島的影響；「大耳朵」圖像上「耳輪線」，是湖水退縮鹽殼形成過程中的年、季韻律線。這是夏訓誠等科學家確定的答案，是湖水迅速退縮形成的，具體時間就在20世紀的60年代初期4～5年之間。

北海曾是淡水湖

　　英國和德國的科研人員提出一個新結論，那就是位於英國和歐洲大陸之間的北海曾經與大西洋隔絕，而且在大約5500萬年前它曾是一個巨大的淡水湖。

　　這一結論源自於科研人員最近對鯊魚牙齒化石的研究。鯊魚牙齒比較硬，是比較容易保存到現在的化石。研究人員對北海周邊的幾個國家發現的鯊魚牙齒化石進行分析，結果發現，這些化石距離如今差不多已經有了6000萬年到4000萬年的歷史。

　　英國朴茨茅斯大學的研究人員及德國的研究員，透過對鯊魚牙齒化石中氧同位素的含量進行分析，判斷出這些化石，在當初還是或生物的時候生長的環境情況。那時的北海海水鹽度要比現在低很多，不僅低於當時周圍海洋的含鹽量，甚至低於現在一些淡水湖的含鹽量。在英國《地質學會會刊》上，研究人員發表了這樣的觀點：在大約5500萬年前，海平面下降和地球板塊運動導致陸地上升等等因素，使得北海與周圍海洋隔絕。隨著周圍河流淡水的不斷湧入，北海成為一個巨大的淡水湖。

沙漠裡的歌聲

響沙，是沙漠裡獨有的一種自然現象。沙子乾燥的時候，人從具備響沙條件的沙丘頂端往下滑，沙子便會發出很大的響聲，有時候像飛機起飛的聲音，有時候像機器運作的響聲。關於響沙的記載，最初出現於中國8世紀的古書中。此後，馬可波羅、達爾文和許多探險家對此也多有描述。

目前，全世界已在大漠中發現31處可聽到「響沙」的景點，其中尤以美國加利福尼亞莫哈韋沙漠中死亡之谷的幾處景點最為著名。

中國甘肅敦煌市南郊的鳴沙山和內蒙古鄂爾多斯市庫布其沙漠的響沙灣，響沙也十分出名，吸引著許多遊人參觀。但關於響沙的成因，至今仍是個謎團，有人認為沙子之所以會響，是因為乾燥性造成的。

茫茫大漠中時而出現的這種濃重、悠長、和諧、震耳欲聾的聲音，讓人們心嚮往之。根據法國研究人員的說法，長期以來，人們只知「響沙」是由於沙丘側面崩塌產生的，而且條件是所有發聲沙礫的體積一樣，但其物理原理一直是個謎。

為揭開這一謎底，法國研究人員自2000年開始兩度進入摩洛哥沙漠，對靠近馬法亞的沙漠地帶進行研究考察，並成功在實驗室真實模擬出「響沙」。

透過研究模擬「響沙」，法國研究人員得出了所謂「響沙」，實際上是沙丘側面崩塌導致的沙礫共振，其頻率為100赫茲，聲音強度為100分貝。

響沙產生的原因不是風，也不是與沙丘本身有關的一種回音現象，而是沙丘側面崩塌造成沙層運動所產生的一種聲波的蔓延。

「海底托兒所」

　　美國加利福尼亞州北部海岸1600米深海處，有一處海洋生物繁衍的「海底托兒所」。如同人類的托兒所一樣，海洋生物也將自己的孩子放置在這裡，各種來自海洋不同角落的魚類與章魚常常密集於海底山脊，在漆黑的「海底托兒所」產卵，生兒育女。然後成千上萬的各種有色魚卵黏貼在岩石上，而這些魚卵的父母則停留在不遠處。

　　這間所謂的「海底托兒所」位於加州海岸吉爾達斷岩帶，距離加洲生活海岸大約160公里。

　　美國加利福尼亞州研究人員借助蒙特雷灣海洋生物研究所（mbari）的遙控深潛望遠鏡可以看到這個奇特的世界，而且研究員還觀察到海蟹、海葵、海星、海百合以及海扇等動物也都喜歡在此處「安家落戶」，這處斷裂帶是深海生物的繁育中心。

　　2000年，Mbari地質學家斯達克斯最先發現這個不尋常的海域地帶。同年7月，研究員德拉恩第一次準確地統計了該海域的生物數量。但他們卻無法弄清楚是什麼原因導致大量生物群選擇在這裡繁衍後代。

　　而科學家們最擔心的是，一旦捕魚商業活動進入該深層海域，可能會破壞這個特殊的「海底托兒所」，那樣會對科學研究造成損害。有可能的話，人們還可能透過這個「海底托兒所」去發現更多「海底托兒所」。

　　「迄今為止，我們還是第一次發現如此深海中多種生物集中的繁衍海域。」Mbari研究員傑夫裡‧德拉恩説。這項發現是目前所知的深海魚類繁衍後代的第一個現實例子。

　　按照之前的理論來説，在這樣的深海裡，是不可能進行這麼大量的生物繁殖的，但是事實勝於雄辯，這個海底繁衍地帶打破了之前的認知。

　　這個加州「海底托兒所」，屬於新型海洋「生態熱點」帶，這一地帶的生物群量是其他同一深度海域生物群的幾百倍。根據德拉恩的猜測，此處大量生物群居可能與周圍環境有關。在這裡，洋流速度明顯較快，生物群聚居區正位於海底高原的前緣地帶。在這裡，洋流的轉化可幫助消除各種垃圾並補充呼吸氧氣。所以，這裡為魚類等其他生物繁衍提供了優越的條件。

神祕怪圈三十年寸草不生

　　非洲納米比亞海岸線附近，存在著許多神祕的「精靈怪圈」，這些怪圈周圍雜草叢生，圈內卻寸草不生。

　　從空中看去，這些直徑從2米到10米不等的怪圈異常醒目。科學家不明白為什麼這些怪圈內什麼植被都無法生長。

　　在他們研究看來，這些怪圈至少存在了30年，因此已可以將「人為」的因素排除掉了。

　　那又是什麼原因造成這樣的怪圈呢？科學家們提出了3種可能性：

　　第一種是怪圈裡的泥土可能有放射性，進而阻止了植物生長；第二種可能怪圈的地下藏有白蟻，牠們將植物種子全部吃光了，進而使得這片土地寸草不生；第三種可能是怪圈中的泥土裡含有某種有毒的蛋白質，科學家們推測這種有毒蛋白來自一種被稱作「牛奶灌木」的沙漠有毒植物，使得植物不能生長。

　　三種解釋似乎都無法正確解釋出怪圈的謎團，這個問題就這麼一直困擾著科學家們。

　　在後來的研究中，科學家們發現怪圈中的泥土只是普通泥土，也不存在什麼白蟻，而且這些泥土被科學家帶回實驗室後，居然能夠生長植物，這讓科學家們十分困擾。

　　為什麼怪圈內就是寸草不生呢？看來還是需要更深入的探究。

摩天大樓般的「3D」麥田圈

麥田圈在被談論的沸沸揚揚一段時間以後，已不再新鮮，但英國牛津郡的一塊麥田上日前竟出現了一個給人立體感覺的「3D」麥田圈。這使「麥田圈」再次掀起議論熱潮。

英國這個「3D」怪圈直徑達110米，科學家們排除了人為的可能性，因為以人的力量在一夜之間造出這麼龐大的怪圈來，實在是不可能辦到的事情。這個奇怪的麥圈是被一名飛行員發現的，這個「3D」麥田圈乍看之下彷彿是從中央的12角形中，伸出了12根長短不等的立體柱子。從空中往下看，它就像是一個廣場旁邊圍著12座「摩天大樓」。

這個麥田圈距一個擁有5000多年歷史的新石器時代墓葬坑遺址只有幾百米。這不禁讓人們浮想翩翩，聯想到許多神祕的事情。研究麥田圈超過15年的英國戈斯波特市攝影師斯蒂夫・亞歷山大說：「這是迄今為止最驚人的麥田圈之一，麥田圈界人士都對這一發現感到非常興奮和震驚。」專家相信，這是世界上首例具有立體感的「3D」麥田圈。

　　雖然很多人懷疑這個怪圈是神祕的力量所為，或者是外星人做的，但居住在附近艾什布裡村的一些村民還是堅持認為，它只是某些神祕人物搞出的惡作劇。

　　不過，亞歷山大不相信有人能夠一夜之間造出這麼完美的麥田圈。他說：「需要花7小時在黑暗中不停地割麥子，才能創造出這樣完美的圖案，我認為人類在這麼短的時間內要做到這一點，幾乎是不可能的事。」

　　神祕「麥田圈」吸引了世界各地人們好奇的目光。對於「麥田圈」形成的原因，卻始終無人能夠解釋，這個怪圈背後藏著怎樣的隱情，成為了人們需要進一步研究和探索的一個課題。

墨西哥的「寂靜之地」

墨西哥北部杜蘭戈州有一片神祕的地帶，那裡有著漫天的黃沙飛舞，還有炎熱的陽光，更有毒蛇、蜥蜴等毒蟲讓人聞風喪膽。但即便是毒蟲也紛紛躲進了地下，似乎在害怕這片區域的威力，這片地帶便是墨西哥木馬皮米盆地國家生態保護區「寂靜之地」。

1966年的某天，墨西哥國家石油公司的工程師哈里·貝里亞在這裡勘探時發現，收音機、電視、無線電對講機、衛星遙感系統到了這裡完全失去效用，「這裡如同電磁風暴的暴風眼一般，無法接收人類世界的資訊」，因此當時貝里亞為這裡取名為「寂靜之地」。

「寂靜之地」位於北緯27度，與百慕達三角和埃及金字塔處於同一緯度，電磁波到了那裡便消失得無影無蹤，飛機飛越上空時，導航系統完全失靈，而且在那裡各種古生物化石如同垃圾一樣遍地都是，隕石也到處都是，流星雨更是隨時可見。這片地帶是周圍居民茶餘飯後討論的話題，人們認為那裡和飛船、外星有著某種神祕的聯繫。

這塊土地為什麼會出現這麼多神奇的現象，令人

無法解釋，人類摻雜了一些想像去解釋這個現象。其中一種「磁場說」認為，這一地區的下方存在一個強大的電磁能量場，會使得一些電波失靈，但為什麼這裡會具有強大的磁場，人們又無法解釋，只能將其歸結為外星的超能量。

　　現在無法解釋清楚的事，將來應該會有答案，所以「寂靜之地」並不會永遠沉寂下去的。

神農架的「凹陷巨坑」

中國湖北省的神農架境內有一個木魚坪，從那裡出發，大概翻過一道山口，就可到達「凹陷巨坑」的坑口了。這個坑北高東低、西南相平，直徑大約為410米，深度據聲波雷達遙側為600米，凹坑的北緣比東、西、南三邊邊緣高出200米，由一堵巨岩石直豎而成，與陷坑底平面呈90度直角。

這塊巨大的凹陷坑壁上，有著數不清的鳥巢在上面，棲息了大概有3萬隻板斧鳥。這種鳥生性兇殘，牠們的嘴大而堅硬，翅膀強健有力。這是因為牠們幾乎從不離坑，一直堅守在巢穴中，而且一旦遇到其他異種鳥類飛入坑中，便咆哮著群起而攻之，直到入侵者被咬得粉身碎骨為止。

1983年7月23日，加拿大旅行家探險隊領隊哥夫列耶一行10人，來到中國湖北省神農架七曜峰七溪坪「凹陷巨坑」坑口時，連聲讚歎：「天下竟有這樣的奇景，妙不可言。」

1989年5月13日，英國旅遊團領隊列西在七溪坪凹陷邊緣駐足佇立，達5小時之久。末了，感歎萬千地留

下一句話：「世界上那麼多奇景都沒能折服我，沒想到這深山的一處天外來客留下的凹陷，卻讓我迷戀到如此程度。」臨走又說：「天下絕對沒有第二處如此壯觀的景觀了。」

1996年7月27日，加拿大ＰＹ旅遊團的全體遊客親睹了一場「鳥之戰」，其場面之激烈、壯觀，令這些外國友人目瞪口呆、大開眼界。

只見3隻隼鷹飛到陷坑上空時，正準備俯衝而下，企圖在這塊新的「大陸」開拓新食源，只聽見北沿岩壁上的長嘯鳥鳴，頓時便有上萬隻板斧鳥兇猛前來，自上而下撲向3隻隼鷹，板斧鳥越來越密，形成一張巨大的「鳥網」，朝3隻巨鷹猛「撒」過來，密不透風。

隨著板斧鳥有節奏地鳴叫，這張「鳥網」在空中移動，巨鷹感到不妙，想要衝出重圍，但板斧鳥卻不允許牠們這麼做。雙方鬥爭了十幾個回合，巨鷹敗陣下來，「鳥網」呈下罩收擾之勢，迅速內卷成一圓球狀，將3隻巨鷹困入其中。10分鐘後，巨鷹就被吃的精光，只剩下羽毛飛在空中了。

這是凹陷巨坑的一大奇觀，而在巨坑的西沿，還有塊大約3米長的條石橫跨坑口，並且有一塊5米的石條懸空於坑口上空，這塊石頭被稱為「鷹嘴石」。上面長了一些上千年的古木。其實，那裡才是凹陷坑真正神

祕和絕妙的所在，因為，坑體呈甕形——口小底大，坑底面積據測為0.53平方公里左右。其中長滿千年常綠的樹木，人只能吊繩而下。

在這個巨坑的底部除了有古樹，還有大蟒蛇、如藥瓶蓋大的螞蟻、幾十隻兇殘的野狼，這些動物為何會在毫無出路也無入口的坑底生活，牠們如何維持生命，這讓人們難以想像。

在巨坑低端正中央有一個天然的噴泉，大約為十平方米，間歇性噴湧，泉水冬暖夏涼，泉水清澈見底。泉水在噴射時，有通體透明、長33釐米左右的陰河鯪魚隨水衝出泉面，當泉水安靜的時候，魚便游回去了。

這種魚又是從何而來，也不得而知。根據當地山民的說明，每年一到農曆五月初十這天清晨，從坑口往下看，就會看到坑底的森林劇烈擺動，好像有大風刮過一樣，還會發出巨大的聲響，十分慘烈，更有呻吟聲、慘叫聲傳出來，讓人無法想像這個坑底，到底是怎樣的一個世界。

世界最著名的七大恐怖風景區

★第1名：不能經過的死亡之洞——印尼爪哇谷洞

印尼爪哇谷洞可算是世界著名的恐怖景區，其詭異莫測程度讓它排在首位。這個谷有6個大山洞，都呈現喇叭狀，就像食人花一樣，能將靠近的生命吞噬乾淨。

這個谷洞，不要説誤入的人性命不保，就連距離近的也會被它吸入谷洞裡。距離6～7米的時候，人或者動物就會被強大的吸力「吸」進去，然後一口吞下。為了研究這個神祕的現象，有人曾用先進的儀器探測過，谷洞裡白骨累累，十分恐怖。

★第2名：難免一死的死亡地帶——堪察加半島

前蘇聯的堪察加半島克羅諾基山區的「死亡谷」，地勢凸凹不平，坑坑窪窪。這條山谷長達2公里，寬100～300米左右。山谷中的不少地方有天然硫磺磷峋露出地面，到處可見狗熊、狼獾以及其它野獸的屍骨，十分凄涼。

據統計這個「死亡谷」已吞噬過30條人命。前蘇聯的科學家曾對這個「死亡谷」進行過多次探險考察，

但結論仍是眾説紛紜。有人認為，殺害人畜的禍首是聚積在凹陷深坑中的硫化氫和二氧化碳；有人則認為，致命原因可能是烈性毒劑氫氰酸和它的衍生物。可是，住在距離「死亡谷」僅一箭之地，而且沒有山嶽和森林阻隔的村舍農民，卻不曾受到過這些毒氣的影響。

★第3名：無腦嬰兒產地──巴西庫巴唐

巴西有一座令人聞之色變的城市，那就是庫巴唐。在巴西熱帶群山的叢林中掩映下，這座城市看起來風光不錯，但就在這裡，出現過一件怪事。大約20年前，這個城市誕生了幾十個沒有腦子的嬰兒，庫巴唐一夜之間得到了一個恐懼的外號──「死亡之谷」。

嬰兒居然沒有腦子，這讓科學家百思不得其解。他們對庫巴唐進行研究，發現市內的煙囱，不斷地釋放著色彩斑斕的工業廢氣，整個城市裡也彌漫著一股腐臭的氣味，這應該就是嬰兒沒有腦子的主要根源，空氣污染使得人體受到破壞，進而導致了嬰兒的殘缺。

不過後來在庫巴唐政府的努力下，摘掉了「地球上污染最嚴重的城市」的帽子。但對於環保組織和科學家們來説，這裡仍然是一個危險的地區，庫巴唐市的居民患各種癌症的機率高得驚人：在庫巴唐及毗鄰的桑托斯市等地區，膀胱癌患者的比率比其他城市要高6倍；神經系統（包括腦部）的癌症患病率是其他城市的4

倍；另外，肺癌、咽喉癌、口腔癌和胰腺癌的患病率也是其他城市的2倍。

所以，這裡的環境改造還是刻不容緩，因為這裡被嚴重污染的空氣和土壤以及水源都在不停的侵害著當地人的生命。

★第4名：人間地獄動物天堂──美國死亡之谷

在美國加州與內華達州的相連處，有一條長達300公里，窄處寬6公里，闊處有26公里的山谷，號稱是世界上最大的山谷，這個山谷地勢險惡，盡是懸崖峭壁，被人們稱為是美國的死亡之谷。

1949年春，有一支做黃金美夢的勘探隊來到這個「未開墾的處女地」，結果有去無回，全軍覆沒。後來許多探險者都來到山谷裡，想要揭開死亡之謎，但後果與探金隊一樣，全都未能再走出來。

之後，這裡便是見者不寒而慄、聞者談之色變的死亡之谷了。為了解開死亡谷的謎題，科學家用航空偵察對山谷進行勘察，他們驚訝的發現，這個所謂的死亡之谷，卻是飛禽走獸的天堂。據航測統計，在這死亡之谷裡，有鳥類近300種，野驢約2000頭，蛇類20餘種，蜥蜴也有17種。看起來，那些禽獸在死亡谷裡生活的十分逍遙自在，但為什麼人類進去就是有進無回呢？這個奧祕還未揭曉。

★第5名：「動物墓場人類天堂」──義大利死亡谷

義大利那不勒斯和瓦維爾諾附近的死亡谷和美國的死亡谷正好相反，這個死亡谷專門奪取動物的生命，但是對人類卻是毫無損害，因此被稱為「動物的墓場」。

在山谷中發現大量死於非命的飛禽走獸、各種各樣的大小動物的屍骸已超過4000隻（頭）。其中粗略的統計下，鳥類大概幾十種，爬行類19種，哺乳動物也有上10種。這些動物並不是自相殘殺，也不是集體自殺，更不是人為殺害。

每年在此死於非命的動物多達3萬多頭，但人們就是找不出牠們死亡的原因。

★第6名：不再無人的無人區──藏北

中國青藏高原的中部，有一塊被各國學者和專家稱為「生命的禁區」的地方，便是藏北無人區。它位於西藏的西北部，面積60萬平方公里，平均海拔5000米。這裡荒無人煙，除了高山、湖泊、草原和野生動物，幾乎看不到生命的存在。有些人曾去探險，但到了那裡不是因為迷失方向，就是缺乏乾糧而餓死，很少有人能活著回來，「無人區」成了一個恐怖的人間地獄。

但這只是沒去過的人的假像，其實那裡的風光十分美麗，藍天和大地的色彩對比強烈，沒任何空氣污

染,空氣透明度很高,一切看起來都很清晰,往往在距離上給人以錯覺,讓人覺得和天離的特別近。

「無人區」的腹地「雙湖」一帶,更是給人一種遠離了地球的感覺,這裡的景色遠遠超出了許多人以往的審美經驗,那是一種粗狂,原始的美麗。

這裡還是個野生的動物園,草原寬廣,戈壁成群,成群的野馬和羚羊群奔馳其中,還有鹿、藏野驢、野犛牛甚至狼、熊等等也常常出現這裡。但「無人區」惡劣的生存條件卻是讓人類無法適應。

首先這裡的空氣中的含氧量很低,氣候變化反復無常,湖泊雖然很多,但都是鹽鹼水。雖然近年來在政府的幫助下,一些當地牧民遷徙到了那裡,「無人區」已經不再無人,但還是不可掉以輕心,因為那裡畢竟曾經是人類的「禁區」。

★第7名:最多人征服過的死亡地帶──羅布泊

因為羅布泊的種種特點,這片土地有過許多名稱,例如坳澤、鹽澤、涸海等,是因為它的特徵得名;蒲昌海、牢蘭海、孔雀海等名稱則是因為它的位置而得名;還有時代不同,羅布泊也有不同的名字,元代以後,稱羅布淖爾;現代才稱為是羅布泊的。

漢代的時候,羅布泊「廣袤三百里,其水亭居,冬夏不增減」,可見當時的羅布泊多麼的寬廣,甚至被

當時的人們誤認為是黃河的起源，但到了西元四世紀，羅布泊竟到了要用法令限制用水的拮据境地。

在清代末年時期，羅布泊水漲之時，僅有「東西長八九十里，南北寬2、3里或1、2里不等」，成了區區一小湖。

1921年，塔里木河改道東流，經注羅布泊。至50年代，湖的面積又達2千多平方公里。60年代因塔里木河下游斷流，使羅布泊漸漸乾涸。1972年底，它便徹底乾涸了。

羅布泊在人們心中，已不單單是的一個地域名稱，它給人的感覺更多的是神祕，有一段文字對它的描繪非常貼切：「羅布泊其實是匯入多水湖之意，為內陸最大的移動鹹水湖。大自然曾造就了5400平方公里湖面的羅布泊，在最近的百年間，湖水已乾涸見底，如今，展現給我們的是一片荒蕪景象：湖泊乾涸、河水斷流、古堡滄桑，生命彷彿在這裡嘎然停止。這難道就是當年唐玄奘西去取經的大道嗎？這難道就是馬可·波羅從威尼斯至古老東方經過的地方嗎？當年絲綢路上的駝羚、樓蘭古城的歌舞一切都已消失，只留下那不解之謎，讓探險者冒生命之險去挖掘、去破解……」

蛇島為何只有蝮蛇

　　中國遼寧省旅順西北的渤海附近，有一個小島，面積約為1平方公里，島上到處是石英岩，灌木叢生，洞穴繁多，海拔大約是215.5米，因為島上有許多蛇，這個島被當地人成為蛇島，又稱之為小龍島。

　　蛇島上，處處都可見到蛇，無論是樹幹還是草叢，岩洞還是石縫間，這些蛇千姿百態的盤踞在小島上，而蛇島更是以蝮蛇的數量眾多馳名中外。

　　蝮蛇是爬行綱蝮蛇科的一種毒蛇，長60至70釐米，大的可達94釐米。蝮蛇頭呈三角形，脖頸細；背上是灰褐色，兩側有一處黑褐色圓斑；腹部為灰褐色，上面有黑白斑點。

　　這種蛇分佈的範圍還算廣泛，多數生活在平原較低的山區。中國除了在雲南、廣東，廣西沿海地區沒發現外，其餘地區都能見到蝮蛇的存在。而蛇島上的蝮蛇數量卻是最多的。

　　據統計，蛇島上的蝮蛇有14000千多條，並且每年以1000多條左右的數量在增加。

　　蛇島為何會有如此多的蝮蛇？科學考察研究後得

出結論，蛇島特殊的地理位置為蝮蛇的生存提供了有利的條件，蛇島雖然面積很小，但這個島嶼的形成基本卻是屬於「大陸島」，也就是説，蛇島上的生存環境和旅順地區的情況差不多，在島上的石英岩等岩石中存在著許多的大小裂縫，這為蛇提供了良好的居所。

還有，蛇島地處溫帶海洋氣候地帶，這裡的氣候溫和濕潤，對動植物的生長繁衍十分有利，重要的是，蛇島還處於候鳥遷徙的路線上，而蝮蛇主要以鼠、鳥、蛙、蜥蜴等為食的。

這樣一來，每當春秋兩季，候鳥遷徙的時候，蛇島便成為了牠們必經的歇腳地方，蝮蛇也就有了飽餐的機會。

蝮蛇捉鳥的技術十分高超，牠們的鼻孔兩側的頰窩是靈敏度極高的熱測位器，能測出0.001℃的溫差，因此只要鳥停留在距離蝮蛇1米左右的枝頭，蝮蛇就能準確的探測到鳥的位置，進而令牠們成為自己的美食。

島上土壤深厚，土質疏鬆，而且人跡罕至，動物也很少。蛇生活得舒適，且沒有敵人，這些都為蛇提供了生活的方便，這就解釋了為什麼蛇島上的蛇如此眾多。

但要説起蝮蛇為何佔絕大多數的原因，則是因為蛇島的面積太小，能為蛇提供食物的源泉很有限，所

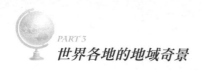

以，為了生存，弱肉強食自然成了島上的生存規律，而生存能力強的蝮蛇，自然成為了長期演化過程中的勝利者。

　　但也有人提出不同意見，他們認為蛇島周圍的海域上還有其他的小島，情況和蛇島都差不多，但卻沒有蝮蛇，而蛇島上卻有如此眾多的蝮蛇。這個謎題，還有待科學工作者們進一步探究。

「怪樹」晴天「下雨」

　　中國四川仁壽縣的虞丞鄉，在2009年2月的時候，出現了一個奇怪的現象，大樹居然會下雨，這個現象驚動了四面八方的人前去觀看。

　　這棵樹長在南宋抗金名相虞允文的墓地裡，大樹平白無故下雨就很讓人驚奇了，而它還生長在墓地的墳頭上，更讓大家覺得神祕。人們對此議論紛紛，有人說這是沾染了丞相的靈氣，是神仙顯靈的表現。

　　這種說法一傳十，十傳百，越來越多的人趕來，為的就是沾沾靈氣。當地氣象局和林業局的工作人員為了找出大樹下雨的真正原因，也派了專人過來調查，他們為這件稀奇的事情找出了一個合理的解釋。

　　虞允文墓地的這棵大樹是棉絲樹，學名滇樸，這是一種喬木，樹幹挺拔高大，在中國的南方十分常見。而且這種常見的樹木葉子通常為卵形、卵狀橢圓形或帶菱形，並不是碗狀的，也無法把水包起來。最為重要的一點是，這棵大樹「下雨」的時候，樹幹是光禿禿的，不會有葉子積水而形成滴水的現象。

　　為了徹底查處大樹下雨的真相，仁壽縣派出消防

隊員爬上大樹，取下了大樹的一根樹枝研究。結果，人們發現在乾枯的樹枝上佈滿了密密麻麻的小昆蟲，這種昆蟲讓在場的博士們一時叫不出名字，只能帶回去研究。

後經過研究，仔細檢查，認為這是一種名叫樸巢沫蟬的昆蟲。駱有慶教授説這種小蟲子其實和知了是一個家族體系的，雖然這種蟲子的個頭比知了小了很多，只有一個米粒那麼大，但牠們的分泌物卻是很多。這種昆蟲依賴於植物的汁液生存，而牠們在吸收的同時也在迅速的排出體外。牠們排出體外的液體，其實就是透過消化道肛門排出來的一些多餘的新陳代謝的物質。

謎題被揭開了，人們一直困惑的大樹顯靈的問題，其實就是這小蟲子在作怪，牠們遍佈於大樹的枝幹上，吃飽喝足後將身體裡不需要的水分排出，讓人們誤以為是大樹在下雨。

雖然這種蟲子給人們帶來了困惑，但牠們的危害並不大，不需要採取什麼消滅措施，而且這也為仁壽縣的虞丞相墓增添了一番情趣。

「潑水現竹」的奇象

中國的仁壽縣黑龍灘水庫庫尾有一座古龍興寺，寺側有一個佛龕右側峭壁上，有號稱蜀中奇觀的「潑水現竹」壁畫，這是北宋名家文同留下的作品。在寺廟左側的峭壁還有南宋孝宗乾道五年（西元1169年）的碑文，曰：「霜月澄凜，天風清勁，御史公剛明英烈之氣，其鐘於斯雲。乾道五年冬十月。峨眉楊季友。」

文同，四川人，字與可，號笑笑居士，才情縱橫，所以很受君王的賞識，仕途一帆風順。

宋神宗熙寧四年（1071年），文同被調任仁壽縣，因喜愛畫竹，常以各種筆法畫竹，就留下了龍興寺的那幅壁畫。這本沒什麼稀奇的，自古以來文人墨客，都喜愛在牆壁上題字潑墨，但稀奇的是這畫自從明代以後，便無法顯現。人們只有用水潑濕牆壁後，畫才能顯現出來。

這就是「潑水現竹」的由來，人們稱之為「怪石墨竹」，乾燥的時候畫就好像隱形了一樣讓人看不到，而潮濕後便能顯形，前人對此的描述十分傳神，「既無墨蹟，又無雕鏤痕，用水滌石，畫面猶新」，千年以來

無人能解這個疑謎。

　　文同當年在牆壁上作畫，想來也是一時興起，不會刻意設下什麼機關，所以，畫的時隱時現應當是一種化學現象，被不明原因的物體所覆蓋了。

　　為了解開這個難題，研究人員共同組成一個工作組前往考察。經過勘察這些專家們得出了以下結論：

　　一、「潑水現竹」現象是明代覆蓋後發生的。

　　二、整個壁龕上下完全粉刷為同一淺黃色的現象，可以推斷出這個寺廟被後人粉刷過，而因為不懂得文同畫作的價值，便沒有保留，通通塗上了顏料，雖然這樣愚昧的做法讓文物受到了破壞，但另一方面，也是一種保護。

　　南宋距今太過遙遠，如果不是這層粉刷的保護膜，只怕文同的畫在風吹雨打、歲月侵蝕中會變得斑駁，因為那是露天龕穴，極易受到風雨侵襲。所以說，這也是做無心插柳柳成蔭了。

　　後人在無意中發現使得牆壁受潮，可以顯現壁畫的奇觀，完全是歪打正著。經過專家們在高倍放大鏡檢測下，他們發現這些黃色的顏料，顆粒粗糙，密佈縫隙，這樣帶來的一點好處，便是能夠使得水分浸入後迅速滲透，而透過光線的折射，使得被塗料遮蓋住的壁畫顯現出來。

　　為了好好的驗證這一點，研究人員事先製作了一個類似的模型：使用孔隙度較大的宣紙蒙罩一幅字帖，無法看見下面的字體。將宣紙浸濕後，下面字體立刻清楚顯現出來，就是同樣的原理。

俄勒岡格蘭特漩渦

　　提起「漩渦」，人們最先想到的便是江河湖海中，由於水流的旋轉而形成的漩渦。但是陸地上其實也是有漩渦的，在美國俄勒岡州格蘭特山嶺和沙甸之間的地方，就有這麼一個陸地上的漩渦。它被人們稱為是「俄勒岡格蘭特漩渦」，面積大概50平方米，處於一片森林的中央地帶，這個漩渦有股神奇的力量，當飛鳥飛過漩渦上空的時候，會不由自主的下墜，而當其他牲畜來到這裡時，也會本能的發出驚恐的哀鳴，似乎眼前有著無法靠近的危險。

　　為了探究「俄勒岡格蘭特漩渦」的奧祕，許多科學家親赴當地勘察，在他們留下的記錄中，後人驚訝的發現，這個森林的樹木都向著中心的漩渦傾斜，而且在漩渦附近的草地上，所有的樹葉也是垂向地面的。

　　在這個漩渦中心，還有一個很小的木屋，看起來很古老，且歪斜的厲害，好像比薩斜塔一樣。這間木屋是古時候的淘金人住的，他們在這間木屋裡秤砂金，但到了1890年後，淘金人發現秤變得不再準確，隨後，他們便廢棄了這個木屋，離開了這裡。

　　但奇怪的事情還在發生，這間木屋本來是建造在山丘的頂端，但卻開始慢慢的向山坡下移動，不但如此，在這座木屋裡，還有著許多不可思議的現象。

　　人們一走進木屋，就感覺有著無形的拉力正拖拉著自己的身體，不由自主向前傾，如果想走出木屋，就需要費一些力氣，因為那股拉力始終在往回拉著人們的身體。木屋裡任何東西都會受到拉力的牽引，無論是碩大的空瓶子還是小小的一顆棋子，只要輕輕推動一下，都會滾向「漩渦」的中心。

　　因為木屋是傾斜的，而「漩渦」的中心是處於高處的方位，所以，這些物品沿著斜面從低處滾向高處，而絕不會後退的奇怪現象更是讓人們瞠目結舌。

　　「俄勒岡格蘭特漩渦」具有的這種神祕的力量到底是怎樣產生的？人們無法做出精確的解釋。曾有科學家用儀器探測過木屋周圍的地形，他們發現這裡有一個直徑大約為50米的磁力圈，以九天為週期，沿著圓形軌道移動。

　　所以，有人認為這是重力與電磁力在配合作怪，因為重磁異常，強大的重力轉變為磁力，而強大的磁力又導致重力異常。但是什麼讓這個地方產生如此強大的重力呢？便眾說紛紜，這個奇怪的陸地漩渦留下了尚待破解的謎團，有待後人揭開。

西諾亞洞中的「魔潭」

　　非洲西諾亞洞位於辛巴威哈拉雷的西北部，是一處古人類穴居遺址。西諾亞洞由一個明洞，一個暗洞以及兩洞間的一個深潭組成。這個深潭具有強引力場，就像宇宙中的黑洞一樣，被人們稱之為「魔潭」。在這個僅僅十多米寬的潭面上，好像有著一種神奇的力量，能把上空的東西都吸入潭裡。

　　按照常理，把一塊石頭扔出十多米並不是什麼困難的事情，但在「魔潭」這裡，就算是大力士也無法將石頭扔過去。石頭途經潭面的時候，一定會掉入水中。

　　這個看似平常的潭位於一個類似於水井的石洞底部，距離地面大概幾十米深，潭裡的水十分清澈，人們無法理解，為什麼這樣的一潭水會產生這樣的魔力。

　　有人嘗試新的方法，用器械試驗，但同樣的，子彈發射出去，同樣會被深潭吸下去而無法擊中深潭對面的石壁。類似的實驗還進行過許多次，但沒有一次能打破「魔潭」的魔力直到今天，人們還在為揭開這個祕密而努力著。

冷熱顛倒的地域奇觀

　　「冬暖夏涼」是人們一直渴望的，但天氣的氣溫變化還是要取決於太陽的光熱，而地球的公轉會讓這一切變得有規律可循，便是「冬冷夏熱」。但這並不是絕對的，在一些地方，這種自然規律就被打破，出現了冷熱顛倒的神奇現象。

　　中國遼寧省東部山區桓仁縣境內，就有一個被人們稱為「地溫異常帶」的地方。這個地帶一端始於中國渾江左岸滿族鎮政府駐地南1.5公里處的船營溝裡，另一端終於渾江右岸寬甸縣境內的牛蹄山麓。整個「地溫異常帶」長約15公里，面積約10萬6千平方米。

　　在這個神奇的地帶裡，夏天來的時候，地下的溫度就開始降低，竟能達到零下12℃；然而到了隆冬時節，這裡又是熱氣騰騰，好像過夏天。

　　不論外面如何的風霜雨雪，在「地溫異常帶」這裡，總是作物幽綠，青草肥美，經過人為的測定，這裡的氣溫可保持17℃，地溫保持15℃。

　　有些科學家指出，這種奇異的地帶是因為地下有寒熱兩條儲氣帶同時釋放氣流，遇寒則出熱氣，遇熱則

出冷氣。正是因為地下儲存著不同的氣流，所以形成了龐大的儲氣結構和特殊的保溫層，這便是特殊地質構成的主要原因。

除此之外，還有一種說法便是「閥門說」，這種說法認為這種冬暖夏涼的現象是由於地下龐大的儲氣帶的上面帶有一特殊的閥門，冬春自動開閉，進而導致這種現象的產生。

不論如何，這些分析只是推論，具體的實際依據卻是拿不出來，到底這裡有什麼奇特之處，造成了這麼與眾不同的地域風貌，還有待進一步的考察。

消失在百慕達三角

在大自然的各種奇異事件中，不得不提百慕達三角洲。那一連串的飛機和輪船失蹤案，讓人們提起這個地方總是又恨又怕。在百慕達三角洲，似乎有著一股神祕的力量吞噬著過往的船隻飛機，對於這種神祕的力量，全世界的科學家都無法解釋清楚，但他們似乎已經打定了主意，不允許百慕達三角洲的謎繼續存在下去，他們各自運用智慧，解釋發生在百慕達三角洲的怪事情。

其中以下幾種說法比較常見：

★1、磁場說

因為在百慕大失蹤的飛機輪船，多是因羅盤失靈而發生的災難，不由得讓人們聯想到了地磁，而且失事的時間多在月初和月中，那正好是月球對地球潮汐作用最強的時候，地磁在那個時候也是最強烈。

★2、黑洞說

黑洞是指天體中那些晚期恆星所具有的高磁場超密度的聚吸現象，它雖然肉眼不可見卻能吞噬一切物質。飛機突然消失在百慕達，就好像被黑洞吞噬掉一

樣。

★3、次聲説

聲音也會產生極強的破壞力。頻率低於20次/秒的聲音是人耳聽不見的次聲，百慕達海域地形複雜，也許是加強次聲令飛機和輪船失靈的原因。這種推測也受到了一些人的認同。

★4、晴空湍流説

晴空湍流是一種極特殊的風。產生於高空，當風速達到一定程度的時候，就會產生「氣穴」，使得飛機或航船受到強烈的震動。而當這種風劇烈到一定程度時，飛機和輪船就會被它撕碎。

★5、水橋説

這種説法的依據便是海潮，人們認為是海難將船隻吞沒，而後被一股潛流將殘骸卷走，這就是為什麼在事故現場找不到船隻的原因，但這點卻無法解釋飛機為什麼也會失蹤。

無論是哪一種，畢竟都只是推測和假設而已，都沒有全面之處，無法徹底揭開百慕達的謎題。而且，除了飛機和船隻無端失蹤之外，百慕達還有其他的怪事不斷發生。

卡尼古山的「飛機墓地」

西地中海「死亡三角區」的三個頂點，分別是比利牛斯的卡尼古山，摩洛哥、阿爾及利亞、茅利塔尼亞接壤處的延杜夫，再加上加那利群島。在這片海域不斷發生著飛機遇難和失蹤事件，這裡也因此被稱為「飛機墓地」。

1975年7月11日上午10點多鐘，西班牙空軍學院的4架「薩埃塔式」飛機正在進行集結隊形的訓練飛行。

突然一道閃光掠過，緊接著，4架飛機一起往海面栽了下去。附近的軍艦、漁船以及潛水夫們都參加了營救遇難者和打撈飛機的行動。他們很快就找到了5名機組人員的屍體。

但是這4架剛起飛幾分鐘的飛機為什麼會一起朝大海撲去呢？西班牙軍事當局對此沒有作任何解釋，而媒體的說法則是「不明氣體的阻礙」。

有人統計，從1945年2次大戰結束到1969年的20多年和平時期中，地圖的這個小點上竟發生過11起空難，229人喪生。

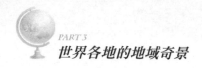
　　飛行員們都十分害怕從這裡飛過。他們說，每當飛機經過這裡時，機上的儀器和無線電都會受到奇怪的干擾，甚至定位系統也常出毛病，以致搞不清自己所處的方位。這大概就是他們把這裡稱作「飛機墓地」的原因吧。

遇見傳說中的美人魚

自古以來，有關海洋的神奇傳說數不勝數，其中流傳最廣和最引人入勝的莫過於美人魚的傳說了。雖然人們與它保持著一定距離，小心翼翼地讚美著它，但它的迷人魅力仍使它流傳於世。

傳說中的美人魚，腰部以上為女人，腰部以下為逐漸縮小的披滿魚鱗的魚身，魚尾各不相同。美國自然科學家蒲林尼在其著作《自然歷史》中認為，它們是真實的，只不過身體粗糙，遍體有鱗，甚至像女人的那些部位也有鱗片。

生活於18世紀的挪威博物學家艾裡克‧彭特是研究美人魚的「專家」。為了證明美人魚確實存在，他在著作《挪威博物志》中用了整整八頁的篇幅來記敘美人魚的真實歷史。那麼，美人魚是否像傳說的那樣真實地存在於海洋中呢？

其實，在早期的海上探險中，便有人偶然看見過美人魚，甚至在哥倫布1492年的航海日記中也提到過美人魚。他寫道：「我看見三條美人魚，它們從海上躍起很高，雖然在一定程度上有人樣的面孔，但不像傳說

中的那樣美麗。」另一篇航海日記裡，哥倫布還寫道：
「在波爾內島附近抓到了一條美人魚般的怪物，它有
1.5米長，陸地上活了4天，又在裝滿水的大桶裡活了7
小時。從一開始，它就發出如老鼠般的輕微叫聲。我們
餵它小魚、貝類、蟹和蝦等，但它都不吃。」

　　許多科學家認為，傳說中的美人魚實際上就是海
中再普通不過的海牛、儒艮或海豹類動物，牠們擁有與
美人魚相似的特徵：海牛的身體雖說比婦女的體軀略
大，但雌海牛的胸部乳房位置與人類女性乳房的位置相
似。至於在寒帶或溫帶海洋看見的「美人魚」，則很可
能就是海豹。海豹除了有肢狀前鰭和逐漸縮小的身體
外，還有一雙溫柔迷人的眼睛，而且它還會跳躍，這些
特點都和傳說中的美人魚十分相似。

　　美國斯密森尼安博物館脊椎動物部主任居格博
士，是位著名的隱匿動物學家。一次有人問他美人魚究
竟屬於哺乳動物還是屬於魚類時，他說除非他看到美人
魚的標本，否則對這個問題任何一種回答都是臆測。

滄海變桑田的古地中海

　　今天的地中海，位於歐、亞、非三大洲陸地海岸
的環抱之中。如果沒西面的直布羅陀海峽與大西洋相
連，它就是個典型的內陸海了。

　　地中海東西長4000多公里，南北最大寬度為1800
多公里，總面積為251.6萬平方公里，平均水深為1491
米，是世界上最深、最大的陸間海。令人難以想像的
是，如今的地中海過去曾是一個比現在大數百倍的喇叭
形巨洋。更令人驚奇的是，它曾有過一個完全乾涸的歷
史時期。近幾十年，為了探索古地中海這個千古之謎，
各國科學家運用了各種先進的手段，進行了大量的調查
研究工作，使人們對古地中海的演化過程有了一個清晰
的認識。2.8億年前的地球，海陸分佈格局與今天完全
不同。那時，在岡瓦納古陸的北部與歐亞古陸的南部，
是一片規模巨大的古海洋——古地中海，地質學家也稱
它為「特提斯海」。

　　當時的古地中海面積非常大，它不僅覆蓋了整個
中東以及今天的印度次大陸，就連中國大陸和中亞地
區，也幾乎全被它浸漫。

約距今2.5億年前，岡瓦納古陸開始向北漂移，到2億年前，岡瓦納古陸開始與歐亞大陸相撞，逐漸使古地中海封閉。古地中海從中國大陸退出，可能發生在1.8億年前；而古地中海從中國西藏北部、東部和雲南西部完全退出，可能發生在1億年前。

到了距今7000萬年前，西藏、雲南等地的地殼開始上升，迫使古地中海完全退出中國大陸。距今800萬年前，範圍遼闊的古地中海，由於兩個大陸靠攏並發生碰撞，它的面積不僅大為縮小，而且逐步呈現封閉狀態，與世界大洋失去了聯繫。

地中海完全封閉之後，成為一潭死水。由於氣候炎熱，風急沙多，降雨少，蒸發量大，地中海逐年縮小。大約在距今600萬年前，地中海乾枯了，留下了個比大西洋海平面低3000米的沙漠盆地。這個沙漠盆地起碼比今天的地中海要大，這個乾枯的大沙漠在地球上存在了數十萬年。

大約到了550萬年前，地殼發生一次大規模構造變動，把直布羅陀海峽崩裂開來，大西洋的海水由這個裂口灌入地中海盆，海水像湍急的山洪，傾入地中海盆，其流量比今天尼亞加拉瀑布大一千多倍。儘管如此，把地中海灌到今天的樣子，也花了數百年的時間。

吞噬大船的神祕海洞

　　1886年5月13日，一艘名喚「格蘭特將軍」號的船接近了新西蘭南部一個叫奧克蘭的島嶼。天色慢慢地黑了下來，風也越刮越小了。「格蘭特將軍」號的船長命令舵手放慢了速度，朝著奧克蘭島緩緩地開了過去。

　　到了半夜，船長命令舵手把船的速度放得更慢了，勞累了一天的船員們都漸漸進入休息狀態。整個海面上顯得特別安靜，只有船桅上的繩索發出一陣陣輕輕的聲響。

　　「格蘭特將軍」號又往前航行了一段路程。一個負責瞻望的水手報告大副說，奧克蘭島就在眼前了。大副於是傳下命令，改變航向，繞過奧克蘭島，繼續前進。舵手接到命令，立刻轉舵。沒想到，船仍然停留在原來的航向上，沒有改變。舵手感到很奇怪，一連轉了幾次舵柄，船還是一動也不動。這是怎麼回事呢？原來，「格蘭特將軍」號已經陷入強流當中，如果再不改變航向，就會撞到奧克蘭島上。船長和水手們齊心協力想轉動舵柄，但都起不了作用。最後，隨著「轟隆」一聲巨響，「格蘭特將軍」號撞到了奧蘭克島的石壁，船

舵隨之折斷。

　　這突如其來的聲響一下驚醒了正在安穩睡覺的旅客們。他們睜開惺忪睡眼，立刻就被眼前的情景嚇呆了。只見「格蘭特將軍」正在強烈的海流當中不停地打轉。這時，又沖過來一股海流，衝擊著船轉了一個大圈後，就朝著島嶼的另一處石壁撞了過去。更可怕的是，人們發現那個石壁上隱隱約約出現一個黑色的大海洞正張著黑色的大嘴，好像要把整個「格蘭特將軍」號吞進去。水手們強作鎮定，憑著多年的航海經驗，做著最後的努力以挽救「格蘭特將軍」號和船上的眾多條生命。

　　幾小時以後，黎明的曙光露了出來，天終於亮了。船長藉著黎明的光線一看，「格蘭特將軍」號正在大海洞的洞口裡邊，船的桅杆緊緊地頂在海洞洞口的上部。看樣子，如果不是桅杆須在洞口上，整個船隻早就被吞進去了。

　　正在這個時候，海水開始漲潮了，洶湧的浪潮猛烈地衝擊著「格蘭特將軍」號，發出一陣陣嚇人的聲響。頃刻，「格蘭特將軍」號的船底就被浪潮巨大的力量衝撞出了一個大洞，海水頓時湧進了船艙。

　　「格蘭特將軍」號開始慢慢下沉了。船上的旅客們驚慌失措，一些身體強壯的男人紛紛跳進海裡逃生。可是，那個大海洞好像有一股巨大的吸引力，一下就把

那些人吸進了海洞裡。只有少數幾個人僥倖逃到了洞外
的救生船上。

海浪還在無情地衝擊著「格蘭特將軍」號，海水
還在不停地湧進船艙。最後，它終於慢慢地沉入了深不
可測的海洞當中，船長和船上的人們都不見了蹤影。逃
到救生船上的人們眼睜睜地看著「格蘭特將軍」號沉入
了海洞，心裡又驚又怕。幸運逃出的大副先讓大家鎮靜
下來，他想到附近有一個叫做失望島的小島，於是，他
和水手們拿起船槳，划著救生船，帶著那些倖存的旅
客，朝著失望島劃去。

第二年春天的一天，滯留在小島上的人們忽然發
現遠方的海面上出現了兩艘船，頓時興奮起來，一邊高
聲呼喊，一邊不停地揮舞著手裡的海豹皮。可是，那兩
艘船離失望島太遠了，船上的人們根本發現不了他們，
慢慢地開走了。

這件事情過去不久，有一個水手建議島上的人們
一起動手做一艘小船，這樣再遇見有船隻經過的時候，
大家一起划船去追趕，也許會得到救援。

過了些日子，失望島上的人們已經把小船做成
了。一天，海面上又出現了一艘船。這時候，兩個水手
急忙登上小船，拼命地朝著那艘船划了過去。其他人拼
命地喊叫，不停地揮舞著手裡的海豹皮。就這樣，那艘

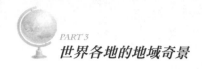

船上的人終於發現了這些人，他們終於得救了，也結束了兩年的孤獨艱難的生活。

當失望島上的人們從海上歸來時，「格蘭特將軍」號沉船的消息很快地傳播開來了。船上那些沉入海底的黃金立刻吸引了許多敢於冒險的人，他們組成一個個探險隊，懷著發財的夢想，陸陸續續朝著奧克蘭群島開了過來。但是，探險者往往從此就一去不返，連同他們的船隻也都一起離奇地失蹤了。

那些尋找「格蘭特將軍」號沉船上黃金的人們和船隻到底又發生了什麼事情？這些問題，誰也不知道。探險隊當中幾個僥倖活著回來的人說，他們根本就沒有發現什麼「格蘭特將軍」號，甚至連傳說中的大海洞也沒有看見。

這又是怎麼回事呢？難道說，大海為了保住自己的祕密，把奧克蘭群島的那個大海洞藏起來了嗎？誰也說不清楚，也許這又是一個永遠也解不開的謎。

蹊蹺的怪坡

　　2007年10月，中國宜春市袁州區西村鎮的一個市民何先生從西村鎮趕往溫湯鎮辦事，經過一處山坡的時候，他將汽車停在坡下，當時車子已經熄火了，但汽車卻自己向坡上走，等何先生反應過來，發現車已經自己往坡上走了好長一段路了。

　　這個發現讓他驚訝不已，隨後他試驗了幾次，發現汽車在這個坡上，不用發動也可以自行上坡。隨後這個坡便出了名，汽車行駛到這裡時，熄火掛空檔可以自行上坡，而豎起來的硬幣會自行的向坡上滾動。

　　這個怪坡的魔力引發了很多人的好奇心，科學家們對此也非常感興趣。宜春學院理工學院院長余志核教授來到現場實地勘察，為了測量準確，他帶了許多設備。首先，余教授對坡上坡下的海拔高度進行「測實」。在怪坡50米的範圍內，他對這個怪坡的最高點，最低點還有中間點進行了測試，結果卻是令人跌破眼鏡。余教授說：「大家認為的最高點海拔高度最低，坡中點比最高點高出70釐米，坡底比坡中高出50釐米。」

　　這也就是說，坡底比上坡要高出1.2米，所謂的車

子熄火後往上坡自由逆行，其實是車子正在往低處順
行。對此，余教授的解釋是：「這就是視覺誤差，是這
個坡欺騙了大家的眼睛。是障眼法催生了這個怪坡。」

之所以會產生怪坡之說，便是因為這種視覺誤
差。因為在「怪坡」西面，有一段很長的上坡路，到了
「怪坡」這裡，其實還在繼續上坡，只不過怪坡處的坡
度較低，而且距離較長，在視覺上容易形成下坡的錯
覺。

還有一點，便是參照物在作怪，路面高處邊的土
堆較低，而路面低處旁邊的土堆更高，不自覺的，人們
就拿參照物比對，誤以為低處變高，高處變低。

另一個原因則是，怪坡處剛好處於一個轉彎角，
修路人員一般為了方面轉彎方面，會把路面外側填高，
內側較低，站在路面上看的時候也容易出現判斷錯誤。

聖塔克斯的「怪祕地帶」

　　從美國加利福尼亞州的三藩市開車南行，大約兩個小時能到達一處名為達聖塔克斯的小鎮，小鎮的郊外有一處旅遊景點名為「怪祕地帶」。這個「地帶」被森林包裹著，氣氛悚然，有讓人心驚肉跳的感覺。進入這個景區，就好像進入了另一個世界，這裡有可以改變身高的「天然魔術」板。

　　那兩塊石板看起來很普通，每塊長約50釐米，寬約20釐米，彼此間距離約40釐米，但只要遊客站上去，立刻就變得高大魁梧起來。

　　除了石板，這裡的一切都很奇特，在通往「怪祕地帶」中心的路上，沿途的樹木都是向一個方向傾斜著，好像是被人為扭曲過一樣。遊客如果注意觀察，會發現自己也好像那些樹木一樣，身子極度傾斜，幾乎達到平行於坡道的地步了，但他們卻絲毫感覺不到任何不適。

　　在這個地帶的中心，有一座簡陋的，年代不詳的小木屋。跟之前的樹木一樣，這個屋子也十分傾斜，當跨入狹小的木門進入小木屋時，人們會感覺到一股強大

的力量，彷彿要把自己拉到前方似的。當地人會運用這種力量向遊客表演絕技，他們在這間屋子裡，穩穩的從木屋板壁接地邊沿踩上去，順著板壁步步高升。然後在房頂對下邊的人微笑示意。當然，如果遊客願意，他們也可以如法炮製，這種絕技簡直是無師自通的。

除了可以飛簷走壁之外，小木屋內有塊向外伸展的木板，它的外端向上傾斜，可如果將一個圓形物體放上去，這個物體並不會沿斜面往下滾動。當這個物體落下時，也不適垂直落下，而是傾斜的掉落。

還有小木屋裡的鐘擺，一根懸掛在天花板橫樑上的鐵鍊，下端繫著一個直徑約25釐米、厚約5釐米的圓盤狀物體。這個鐘擺只能向一個方向推動，如果從相反的方向推，就算使出全身力氣，鐘擺也不動分毫。而且，普通的鐘擺被推動後，會左右搖擺，但這個鐘擺在搖擺幾下之後，卻是按著畫圈的方向搖擺起來，一會朝左旋轉幾圈，一會朝右旋轉幾圈，每隔5秒～6秒，就自動改變搖擺方向一次，方向不定。

聖塔克斯的「怪祕地帶」怪事不斷，主要是因為這裡的一切都是違反牛頓重力定律，地球重力場在這個地方似乎是不存在的，這是讓人們最為困惑的一個地方。

罕見的「地下王國」

地球是人們探索至今唯一有生物生存的一個星球，但人們又是否知道，在地球的內部，其實還存在一個世界，這個罕見的「地下王國」處於人類腳下的土地裡。

1946年，英國科學家威爾金斯就在《古代南美洲之謎》一書中得出，由史前文明人開關建造的地下長廊首尾相接並有許多支岔，可縱貫歐、亞、美、非各個洲域，並進而得出地球內部曾經乃至現在仍存在「地下王國」的結論。

威爾金斯的觀點雖然聽起來有理有據，但更多還是他的一種推測和假設，人們並未真正的接受這種觀點。但「地下王國」這個說法，還是十分誘惑人心的，人類也很想知道，到底這個世界除了自己，還是否存在別的物種。

美國在這一方面做得十分積極。1942年，美國加入第二次世界大戰，但美國總統羅斯福卻在如此緊急的時刻，專門抽出時間接待了剛從墨西哥的恰帕斯州進行考古研究歸來的大衛・拉姆夫婦，聽他們帶來了一個驚

人的消息，一個關於「地下王國」的事情。

　　拉姆夫婦發現了傳說中守衛墨西哥地下隧道（又名「阿加爾塔」）的白皮膚印第安人。所謂的「阿加爾塔」便是指的地下世界。

　　其實，早在1941年1月的時候，羅斯福就派大衛‧拉姆夫婦去尋找地下世界。因為據傳說，地下世界有著無窮的祕密和寶藏，其實不止羅斯福，許多人都對這神祕的世界充滿了想像，無數的科學家和探險隊進入墨西哥，去尋找地下世界的入口。

　　根據拉姆夫婦向羅斯福彙報的考察經歷來看，他們帶領美國考察隊，橫穿墨西哥的密林時，發現了地下世界的入口，而且入口處，還有皮膚呈藍白色的印第安人把守，這些印第安人阻止他們繼續前行。經過交涉，他們知道這些守護入口的印第安人是馬雅人的後裔，叫做拉坎頓人。

　　拉坎頓人居住密林中，與世隔絕，他們世世代代守護著地下世界的入口，不許任何外人接近，這是祖訓，因為地下世界是他們心目中的聖地。

　　雖然拉姆夫婦聲稱自己的考察隊發現了地下長廊的入口，但他們始終還是沒能進入拉坎頓人守護的地下隧道。

　　然而，德國著名探險家兼作家馮‧丹尼肯卻曾進

入過拉坎頓人守護的隧道。在隧道裡，他見到了多彩的
牆壁還有精緻的石門，還有許多史前文物。

　　整個隧道呈現出的智慧與神奇，讓這位探險家歎
為觀止。他認為這是人類世界上最偉大的工程，他拍了
一些隧道照片，但問及細節，這位探險家卻是三緘其
口，不願詳談，這也為這個神祕的地下王國平添了些神
祕色彩。

讓人費解的死亡公路

美國一條名為愛達華州立的公路，被司機們稱為是「愛達華魔鬼三角地」的恐怖翻車帶。這條公路離因支姆14公里，看似平常，卻是事故的多發地帶。

正常速度行駛的車輛一旦進入這個地帶，總會被一股不知名的力量拋向高空，然後摔落在地，多數會造成車毀人亡的慘劇，能生還者很少。

無獨有偶，在中國的蘭州至新疆公司430公里處，也有一條同樣的公路，時常有車禍發生，而且原因也是神祕莫測。一輛正常行駛的汽車開到那裡，就會莫名其妙的失控，進而翻車，發生事故，每年都會發生幾十起。

雖然途徑這兩個地方的司機都是嚴加防範，不敢有絲毫的懈怠，但慘劇依然在繼續，事故的發生總是突如其來，讓人無法防備，就算當地的交通部門再怎麼改建公路，也無法改變這段公路頻繁出事的事實，於是，這兩條被人稱為「恐怖的死亡公路」，成了令人費解的不解之謎。

南極「無雪乾谷」

南極洲總面積達1400萬平方公里，因為氣候寒冷，終年飄雪，冰層的平均厚度為2000米，最厚的地方可達4800米。所以很少有人涉足，但人們還是發現在這個常年飄雪的冰川雪原中，居然有著許多的無雪地區，其中「無雪乾谷」最為神祕。

南極洲東北方有一個麥克默多海灣，穿過海灣，就可以看到所謂的「無雪乾谷」地區。

這片山谷是利亞谷，賴特谷，地拉谷三個山谷依次向北排列而成。山上有冰川，而且這些冰川向著谷地裡邊流落而去，形成了冰瀑。不過他們在到達山谷的時候便沒有了。在沒有冰川流入的山谷裡，終年不下雪，這就是「無雪乾谷」的由來。

最初的探險家進入無雪乾谷的時候，發現了許多海豹等獸類的骸骨，他們認為這些海豹無意中闖入這片谷地，因為缺少飲用水，最後乾渴而死。可為何海豹會來到這個山谷，是否像大象那樣會找一個地方結束自己的生命，但是因為無證可靠，這種推測也不能成立。

除了大堆的獸骨外，無雪乾谷還有許多讓人無法

解釋的景觀。例如這個乾谷中有一個范達湖，范達湖的水溫在3、4米厚的冰層下是0℃左右，水溫在15米～16米深的地方升到了7.7℃，到了40米以下，水溫竟然跟溫帶地區海水的溫度相當，達到了25℃。

除了范達湖，人們還發現了「永凍之湖」——皮達湖，整個皮達湖幾乎是個完整的大冰塊，只有在夏季，才會有少量的水流，這裡聚合了千奇百怪的各種現象，實在是讓人費解思量，也需要盡力探索。

i-smart

智學堂
智慧是學習的殿堂

★ 親愛的讀者您好,感謝您購買 千奇百怪的 自然與玄奇世界 這本書!

為了提供您更好的服務品質,請務必填寫回函資料後寄回,我們將贈送您一本好書(隨機選贈)及生日當月購書優惠,您的意見與建議是我們不斷進步的目標,智學堂文化再一次感謝您的支持!

想知道更多更即時的訊息,請搜尋 "永續圖書粉絲團"

您也可以使用以下傳真電話或是掃描圖檔寄回本公司電子信箱,謝謝!

傳真電話: 電子信箱:
(02)8647-3660   yungjiuh@ms45.hinet.net

姓名:＿＿＿＿＿＿＿＿ ○先生 ○小姐 生日:＿＿＿＿＿＿＿ 電話:＿＿＿＿＿＿＿＿＿

地址:＿＿＿＿＿＿＿＿＿＿＿＿＿＿＿＿＿＿＿＿＿＿＿＿＿＿＿＿＿＿＿＿

E-mail:＿＿＿＿＿＿＿＿＿＿＿＿＿＿＿＿＿＿＿＿＿＿＿＿＿＿＿＿＿＿

購買地點(店名):＿＿＿＿＿＿＿＿＿＿＿＿＿＿ 購買金額:＿＿＿＿＿＿＿＿

職　業:○學生　○大眾傳播　○自由業　○資訊業　○金融業　○服務業　○教職
　　　　○軍警　○製造業　○公職　○其他＿＿＿＿＿＿＿＿＿＿＿＿＿＿＿

教育程度:○高中以下(含高中)　○大學、專科　○研究所以上

您對本書的意見:☆內容　　○符合期待　○普通　○尚改進　○不符合期待
　　　　　　　　☆排版　　○符合期待　○普通　○尚改進　○不符合期待
　　　　　　　　☆文字閱讀　○符合期待　○普通　○尚改進　○不符合期待
　　　　　　　　☆封面設計　○符合期待　○普通　○尚改進　○不符合期待
　　　　　　　　☆印刷品質　○符合期待　○普通　○尚改進　○不符合期待

您的寶貴建議: